Der Familienhaushalt

W0322136

1. Welche Arbeiten fallen in einem Familienhaushalt häufig an?

2. Wovon hängt die Arbeitsteilung in einer Familie ab?

3. Welche Hausarbeiten erledigst du in der Familie?

4. Überlege dir, welche Arbeiten man gegen Bezahlung verrichten lassen kann.

Wofür geben wir Geld aus?

1. Ordne die Ausgaben einer Familie in die Tabelle ein. (Ergänze weitere Ausgaben.)

feste Ausgaben	wechselnde Ausgaben	Sonderausgaben

2. Bei welchen Ausgaben könntest du sparen?

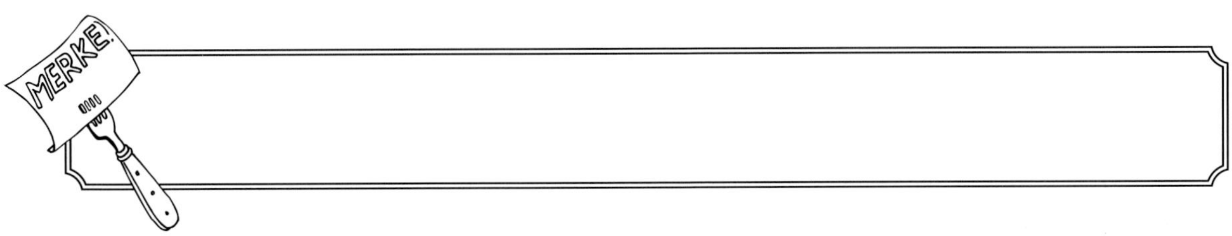

Wir führen ein Haushaltsbuch

1. Schau dir das Haushaltsbuch der Familie Forster genau an.
   Errechne das Guthaben am 10. 04.

Datum	Art der Ausgaben/ Einnahmen	Ein-nahmen	Aus-gaben	Wohnung/ Haushalt	Lebens-mittel/ Getränke	Kleidung	Auto/ Fahrgeld	Persön-liche Aus-gaben	Beson-dere Aus-gaben	Rück-lagen
01. 04.	Haushalts-geld	500,00*								
02. 04.	Super-markt		42,10	4,20	37,90					
02. 04.	Fahrgeld: Felix		20,00				20,00			
04. 04.	Geschenk		7,80						7,80	
05. 04.	Friseur: Mutter		23,50					23,50		
07. 04.	Reinigung		3,25			3,25				
08. 04.	Metzgerei		10,20		10,20					
	Kassen-stand	500,00								
10. 04.	Guthaben									

* Alle Angaben in Euro.

2. Wie führst du ein Haushaltsbuch?

3. Welche Vorteile bringt dir ein Haushaltsbuch?

Wir planen eine Mahlzeit

1. Welche Vorarbeiten musst du erledigen?

2. Worauf musst du beim Erstellen eines Organisationsplanes achten?

3. Erstelle einen Organisationsplan für unser heutiges Gericht!

Persen® Bergedorfer®
Best.-Nr. 2342

Auf die richtige Arbeitshaltung kommt es an

1. Schau dir die Tabelle an und versuche daraus Regeln abzuleiten.

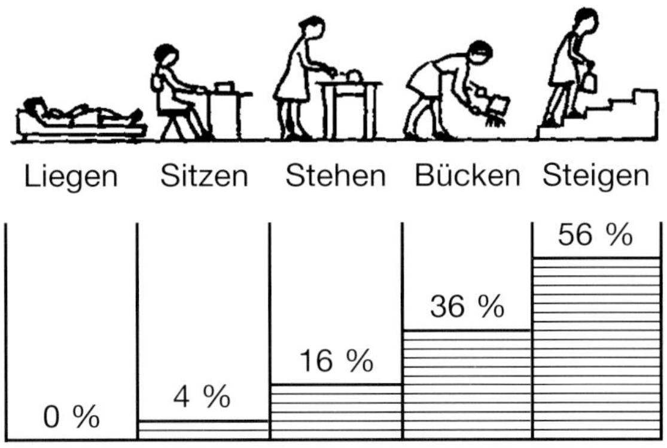

Kräfteverbrauch pro Minute bei verschiedenen Körperhaltungen

2. Kreuze die richtige Arbeitshaltung an und begründe deine Auswahl.

Bd. 284. Christine Schreiber: Praktische Haushaltsführung – Grundwissen 7.–9. Schuljahr

Persen® Bergedorfer®
Best.-Nr. 2342

Selbst herstellen oder kaufen?

1. Nenne Fertig- und Halbfertigprodukte und trage sie in die Tabelle ein.

Halbfertigprodukte	Fertigprodukte

2. Nenne Vor- und Nachteile der beiden Produktarten.

Vorteile	Nachteile

3. Warum sollte man Selbstzubereitetes vorziehen?

Persen ® Bergedorfer ®
Best.-Nr. 2342

Augen auf beim Einkaufen

1. Wo kannst du einkaufen?

____

____

2. Kreuze an, welche Packung du bevorzugen würdest. Begründe deine Auswahl.

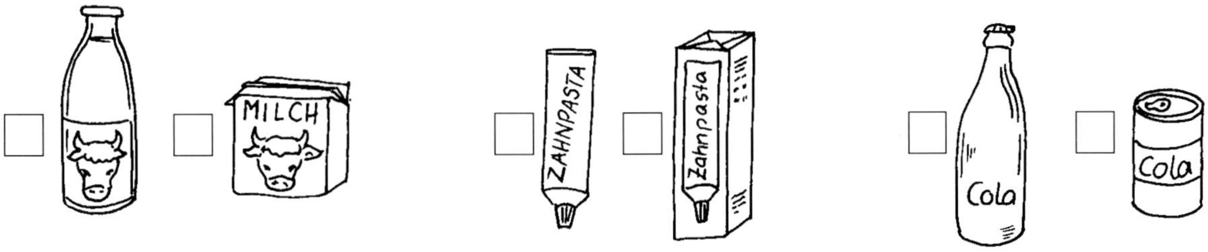

☐ ☐ ☐ ☐ ☐ ☐

______________________ ______________________ ______________________

______________________ ______________________ ______________________

☐ ☐ ☐ ☐ ☐ ☐

______________________ ______________________ ______________________

______________________ ______________________ ______________________

3. Gehe in verschiedene Lebensmittelgeschäfte am Ort und erkundige dich nach dem Preis für 1 Liter Milch.

Geschäft	Preis

Geschäft	Preis

Persen ® Bergedorfer ®
Best.-Nr. 2342

Wir planen eine Küche

1. Wovon hängt die Gestaltung einer Küche ab?

____

____

2. Beschrifte die Küchenformen!

__________ __________ __________ __________

3. Benenne die verschiedenen Funktionsbereiche einer Küche.

 __________________  __________________

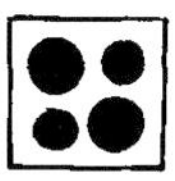 __________________ 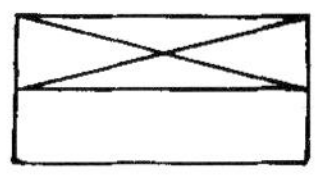 __________________

4. Was beachtest du beim Einrichten einer Küche?

____

____

____

____

____

____

Bd. 284. Christine Schreiber: Praktische Haushaltsführung – Grundwissen 7.–9. Schuljahr

Persen ® Bergedorfer ®
Best.-Nr. 2342

Fehler bei der Küchenplanung

1. Lies den Text genau durch und unterstreiche die Planungsfehler, die in Claudias Küche auftreten.

Claudia berichtet:
„Seit wir in unsere neue Wohnung eingezogen sind, ärgere ich mich über meine Küche. Ich wünschte, der Architekt wäre Hobbykoch, dann hätte er die Küche bestimmt größer und funktionsgerechter geplant. Es beginnt schon am Morgen, wenn ich das Licht einschalten möchte, denn der Schalter wird von einem Schrank verdeckt. Dann geht die Steckdosensucherei los, wenn Toaster, Kaffeemaschine, Wasserkocher, Radio usw. gleichzeitig eingeschaltet werden sollen. An allen Ecken und Enden muss ich die Geräte einstecken.
Neulich kam mein Bruder mit seiner Familie zu Besuch und ich wollte ein schönes Mittagessen kochen. Die angebotene Hilfe meines Mannes musste ich glatt aus Platzgründen ablehnen. Außerdem finde ich, dass die Küchenschränke und elektrischen Geräte nicht sinnvoll angeordnet sind.
Vor kurzem habe ich gelesen, dass man verschiedene Küchen getestet hat. Eine Testperson hat in einer unzweckmäßig eingerichteten Küche ein Mittagessen für vier Personen zubereitet. Man hat dabei die Zeit gestoppt und den zurückgelegten Weg gemessen. Diese Person hat 69 Minuten gebraucht und 174 m zurückgelegt. Anschließend kochte die gleiche Testperson in einer funktionsgerechten Küche das gleiche Gericht. Was glaubst du, hat sie an Zeit und Weg gespart? Sie hat nur 70,30 m und 51 Minuten für das gleiche Essen gebraucht.
Wenn ich das auf ein Jahr umrechne, spart man in einer funktionsgerechten Küche ca. 38 km und 110 Stunden Arbeit."

2. Kreuze die richtige Küchenplanung an und begründe deine Auswahl.

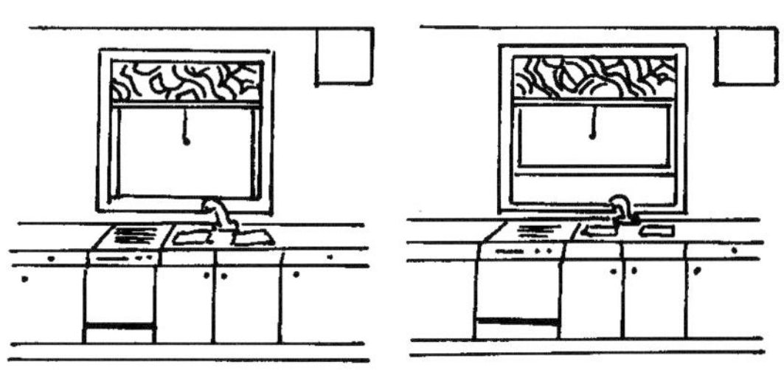

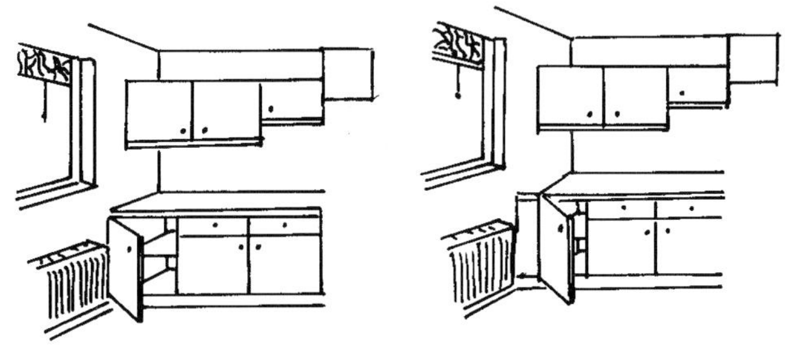

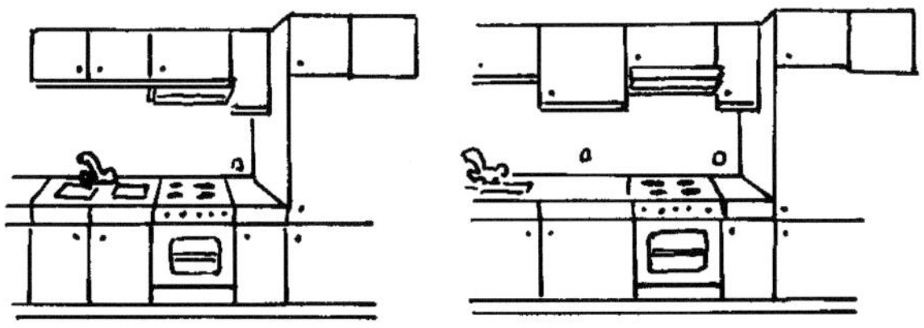

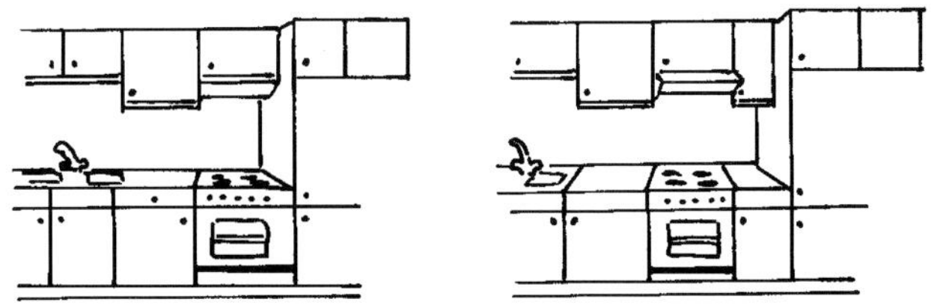

Bd. 284. Christine Schreiber: Praktische Haushaltsführung – Grundwissen 7.–9. Schuljahr

Persen® Bergedorfer®
Best.-Nr. 2342

Wir kontrollieren unseren Energie- und Wasserverbrauch

Täglicher Wasserverbrauch eines Bundesbürgers: ____________

1. Wofür brauchen wir Wasser und Energie? Zähle Beispiele auf.

Wasser	Energie

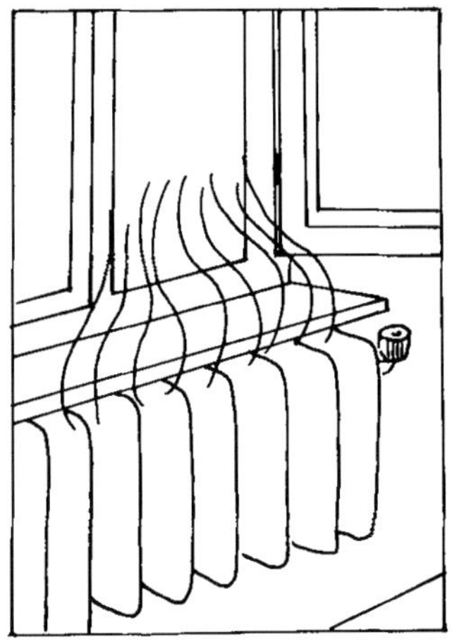

2. Wie kannst du deinen Verbrauch reduzieren?

Wasser	Energie

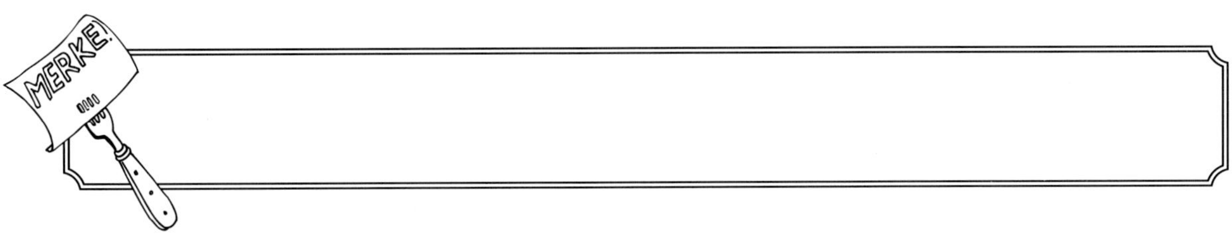

Reinigungs- und Pflegemittel

1. Ordne die Reinigungs- und Pflegemittel in die Tabelle ein. (Ergänze weitere Beispiele.)

mechanisch wirkende Mittel	chemisch wirkende Mittel	mechanisch und chemisch wirkende Mittel

F, O, E, Xn, Xi, C, T

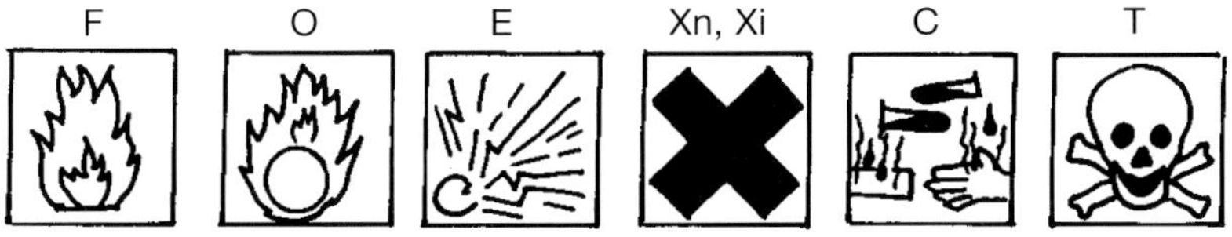

→ Gefahrensymbole auf den Verpackungen

F: leicht entzündlich
O: brandfördernd
E: explosionsgefährlich
Xn, Xi: gesundheitsschädlich, reizend
C: ätzend
T: giftig

2. Was beachtest du im Umgang mit Reinigungs- und Pflegemitteln zur Entlastung der Umwelt?

Ist unsere Umwelt in Gefahr?

1. Lies den Artikel aufmerksam durch.

Artikel 141

(1) Der Schutz der natürlichen Lebensgrundlage ist, auch eingedenk der Verantwortung für die kommenden Generationen, der besonderen Fürsorge jedes Einzelnen und der staatlichen Gemeinschaft anvertraut. Mit Naturgütern ist schonend und sparsam umzugehen. Es gehört auch zu den vorrangigen Aufgaben von Staat, Gemeinden und Körpeschaften des öffentlichen Rechts, Boden, Wasser und Luft als natürliche Lebensgrundlagen zu schützen, eingetretene Schäden möglichst zu beheben oder auszugleichen und auf möglichst sparsamen Urngang mit Energie zu achten, die Leistungsfähigkeit des Naturhaushaltes zu erhalten und dauerhaft zu verbessern, den Wald wegen seiner besonderen Bedeutung für den Naturhaushalt zu schützen und eingetretene Schäden möglichst zu beheben oder auszugleichen, die heimischen Tier- und Pflanzenarten und ihre notwendigen Lebensräume sowie kennzeichnende Orts- und Landschaftsbilder zu schonen und zu erhalten.

(Artikel 141 der Bayerischen Verfassung)

2. Was verstehst du unter Umweltschutz?

______

______

______

______

______

______

3. Welchen Beitrag kannst du zum Umweltschutz leisten?

______

______

______

______

______

______

______

4. Welche Gefahren bringt die Umweltverschmutzung für den Menschen?

______

______

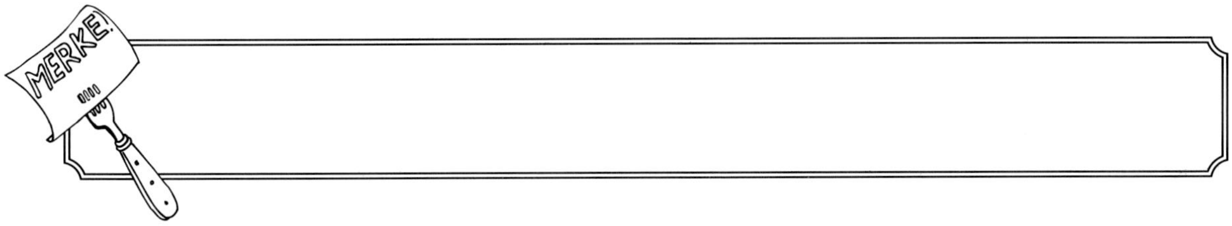

Bd. 284. Christine Schreiber: Praktische Haushaltsführung – Grundwissen 7.–9. Schuljahr

Öko-Test

Sicher wollt ihr euch alle umweltfreundlich verhalten.
Aber wissen wir überhaupt genug dafür?
Hier kannst du dich selbst testen und eine Menge erfahren.
Kreuze die richtigen Antworten an!

1. Trinkwasser ist sehr wertvoll. Wie viel Liter Wasser fließen bei einem tropfenden Wasserhahn pro Monat nutzlos ins Abflussrohr?

   a) 10 l   b) 50 l   c) 150 l

2. Warum sollte man Kunststoffverpackungen vermeiden?

   a) Sie werden aus dem wertvollen Rohstoff Erdöl hergestellt.
   b) Kunststoffe enthalten gesundheitsschädliche Stoffe.
   c) Kunststoffe sind unverrottbar.

3. Welche Umweltgefahren können durch Reinigungs- und Pflegemittel auftreten?

   a) Sie schädigen die Fische in den Gewässern.
   b) Sie bilden Schaumberge in Seen und Flüssen.
   c) Reste können in das Trinkwasser gelangen und die Wasserqualität beeinträchtigen.

4. Wie viel Energie kann man sparen, wenn die Wäsche statt mit 90 Grad mit 60 Grad gewaschen wird?

   a) 10 %   b) 20 %   c) 40%

5. Die für Sprays verwendeten Treibgase zerstören die Ozonschicht der Erde. Was bewirkt eine Abnahme der Ozonschicht?

   a) Eine verstärkte UV-Strahlung.
   b) Zunahme des Ozonanteiles in Bodennähe.
   c) Steigerung des Hautkrebsrisikos beim Menschen.

6. Viele Produkte tragen den blauen Umweltengel. Er bedeutet:

   a) Enthält weniger Schadstoffe.
   b) Enthält keine schädlichen Stoffe.
   c) Ist biologisch abbaubar.

7. Warum gehören Batterien und Akkus nicht in den Hausmüll?

   a) Sie enthalten eine gefährliche elektrische Restspannung.
   b) Sie enthalten giftige Substanzen wie z. B. Quecksilber.
   c) Sie lassen sich schlecht verbrennen.

8. Warum sollte beim Einwickeln von Lebensmitteln auf Alufolie verzichtet werden?

   a) Die Herstellung der Alufolie verbraucht sehr viel Energie.
   b) Säurehaltige Speisen greifen die Alufolie an.
   c) Alufolie lässt sich schwer entsorgen.

9. Wie viele Bäume müssen als Rohstoff für eine Tonne Papier gefällt werden?

   a) 5   b) 10   c) 15

10. Wie häufig können Mehrwegflaschen wieder verwendet werden?

   a) bis zu 20-mal
   b) bis zu 40-mal
   c) bis zu 60-mal

Bergedorfer® Best.-Nr. 2342

Wir kaufen ein Haushaltsgerät

1. Ordne die Geräte in die Tabelle ein. Ergänze die Tabelle.

Nahrungszubereitung	Vorratshaltung	Reinigung	Wäschepflege

2. Was musst du dir vor dem Kauf eines Gerätes überlegen?

3. Wo kannst du Informationen darüber einholen?

Hand- oder Maschinenarbeit?

1. Was solltest du dir vor der Benutzung eines Gerätes überlegen?

2. Beurteile die beiden Geräte hinsichtlich der aufgestellten Kriterien.

	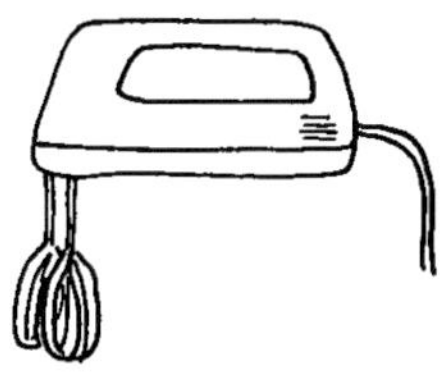	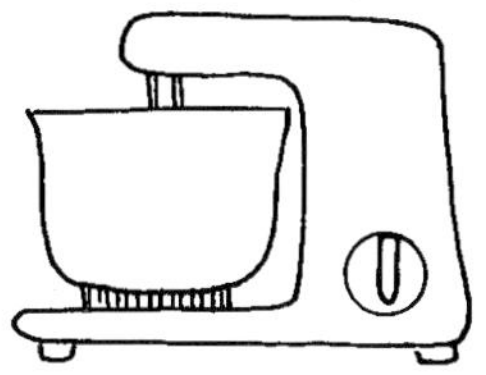
Bereitstellungszeit (vorbereiten, wegräumen)		
Reinigungsaufwand		
Anschaffungspreis		
Betriebskosten (z. B. 6 Minuten Rühren)		
Einsatzmöglichkeiten		

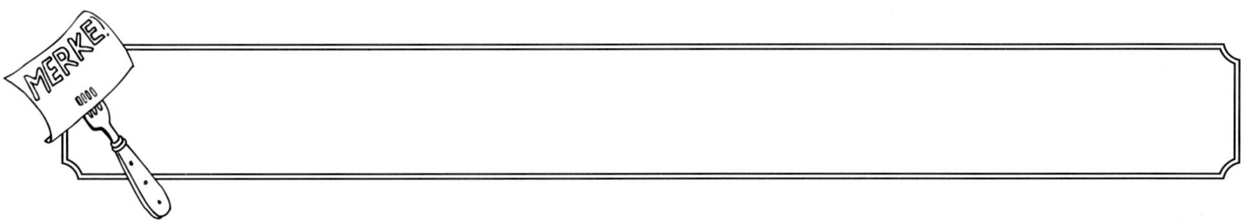

Persen® Bergedorfer®
Best.-Nr. 2342

Wir messen und wiegen Lebensmittel

1. Erkläre folgende Abkürzungen.

1 l		**1 Msp.**	
1 ml		**1 Pr.**	
1 g		**1 TL**	
1 kg		**1 EL**	
1 Pck.		**1 P.**	

2. Mit welchen Geräten kannst du Lebensmittel abmessen und abwiegen?	3. Nenne Lebensmittel, die mit diesen Geräten abgemessen werden können.

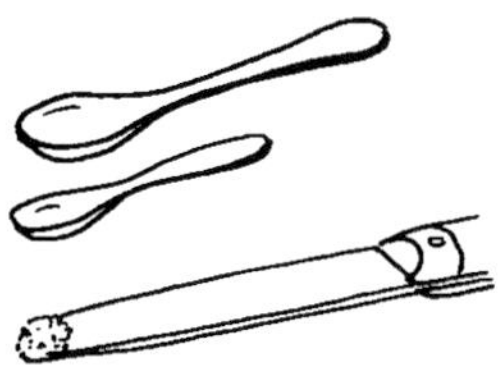	
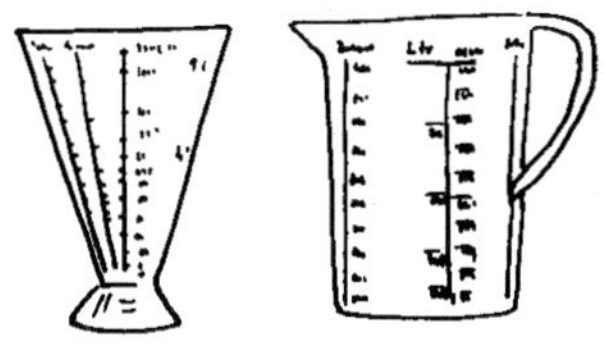	
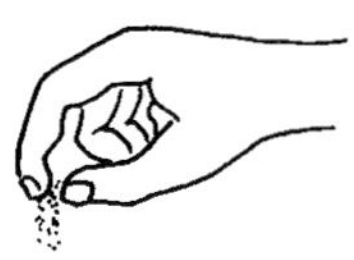	
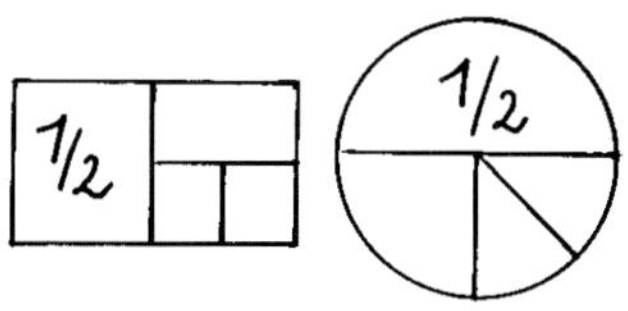	

Bd. 284. Christine Schreiber: Praktische Haushaltsführung – Grundwissen 7.–9. Schuljahr

Persen® Bergedorfer®
Best.-Nr. 2342

Wir zerkleinern Lebensmittel

1. Mit welchen Geräten kannst du Lebensmittel zerkleinern?	2. Nenne Lebensmittel, die mit diesen Geräten zerkleinert werden können.
 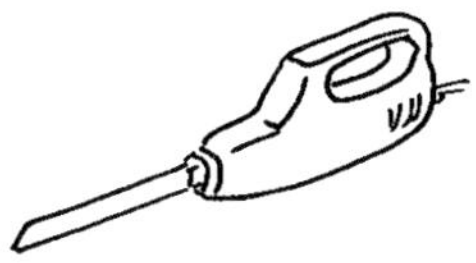	

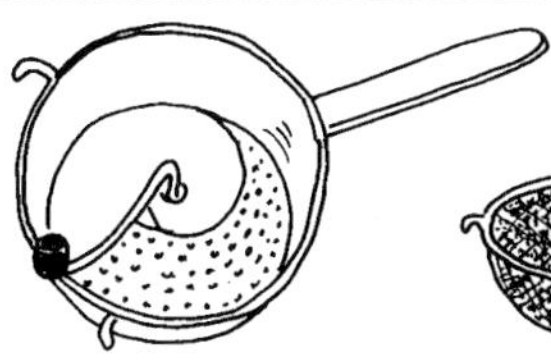  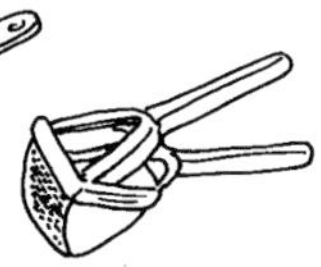	

3. Was beachtest du beim Zerkleinern von Lebensmitteln?

Persen® Bergedorfer®
Best.-Nr. 2342

Wir mischen und schlagen Lebensmittel

1. Mit welchen Geräten kannst du Lebensmittel mischen und schlagen?	2. Nenne Speisen, bei deren Zubereitung diese Geräte eingesetzt werden können.

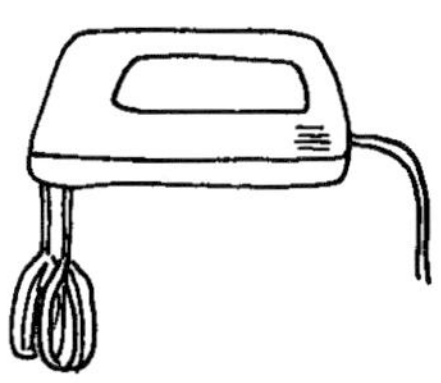 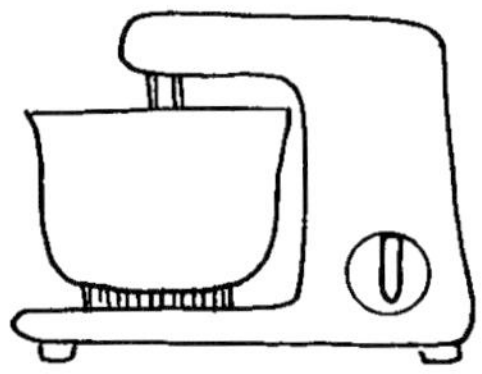	

3. Was beachtest du beim Mischen und Schlagen von Lebensmitteln?

Bd. 284. Christine Schreiber: Praktische Haushaltsführung – Grundwissen 7.–9. Schuljahr

Persen® Bergedorfer®
Best.-Nr. 2342

Wir kochen mit den richtigen Töpfen

1. Kennst du diese Töpfe?

   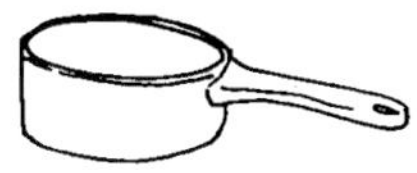

______________ ______________ ______________ ______________

2. Worauf achtest du beim Auswählen des richtigen Topfes?

| ______________________ |

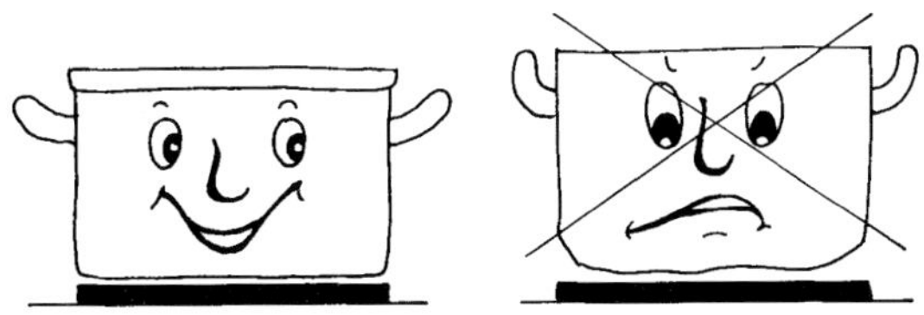

____

____

| |

____

| ______________________ |

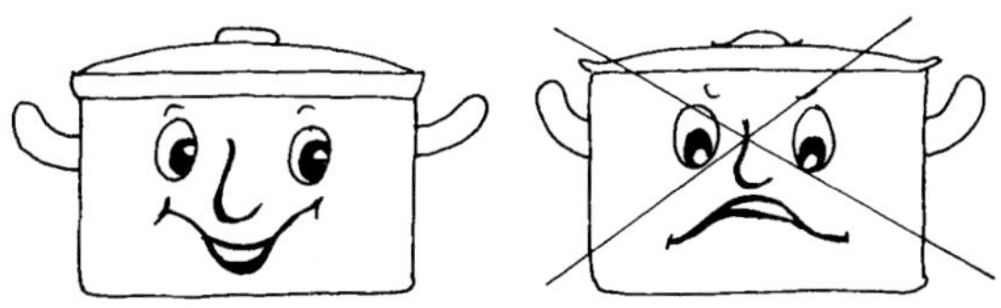

____

Wir reinigen und pflegen unsere Geräte

1. Unsere Küchengeräte sind aus verschiedenen Materialien. Ordne sie in die Tabelle ein. Ergänze weitere Beispiele.

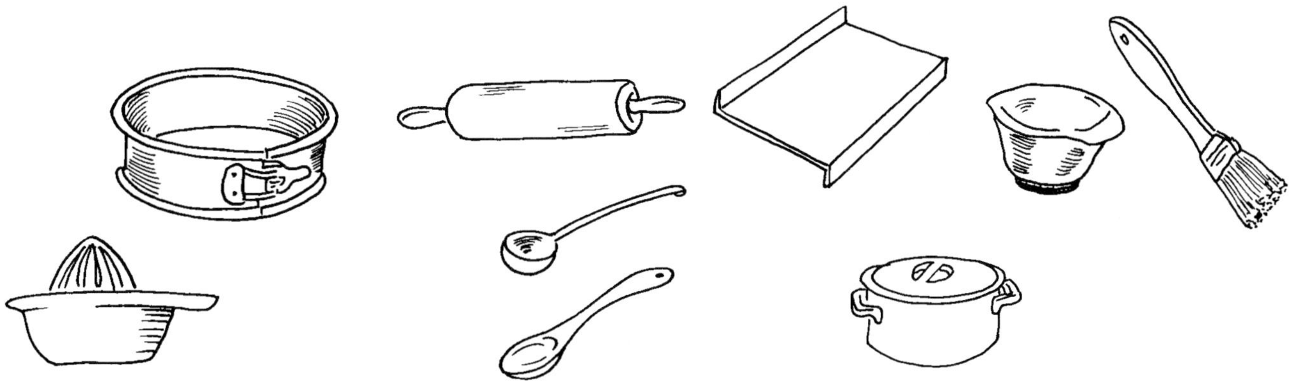

Holz	Kunststoff	Metall

2. Was beachtest du beim Reinigen der verschiedenen Materialien?

Holz	Kunststoff	Metall

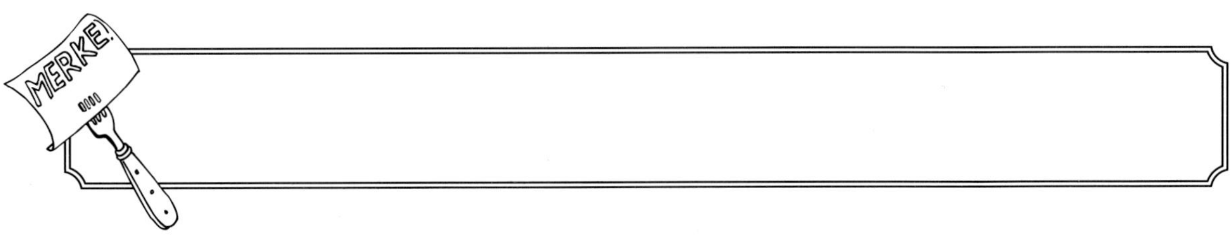

Persen® Bergedorfer®
Best.-Nr. 2342

Das Handrührgerät

1. Beschrifte den Aufbau des Handrührgerätes.

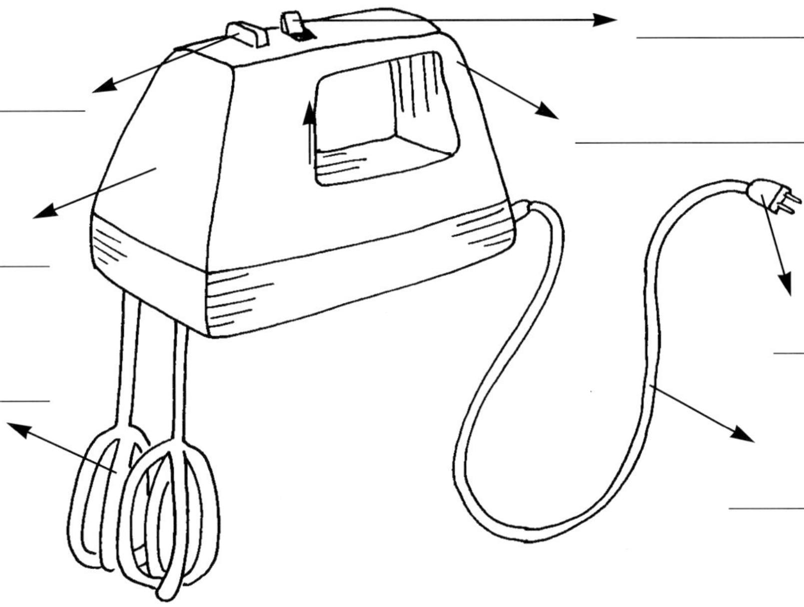

Alle Geräte, die diese Zeichen tragen, entsprechen den gesetzlichen Vorschriften und sind auf elektrische Sicherheit geprüft.

2. Was beachtest du im Umgang mit dem Handrührgerät?

3. Was beachtest du bei der Reinigung des Gerätes?

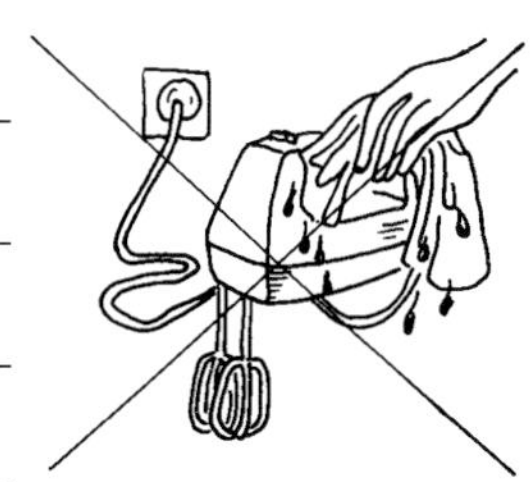

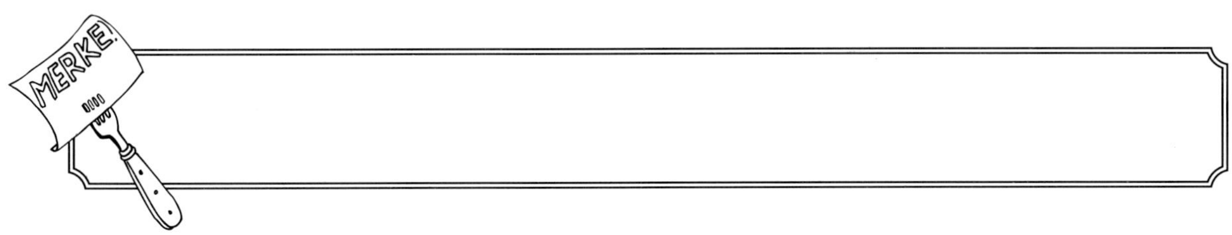

Die Mikrowelle

1. Beschrifte den Aufbau des Mikrowellengerätes.

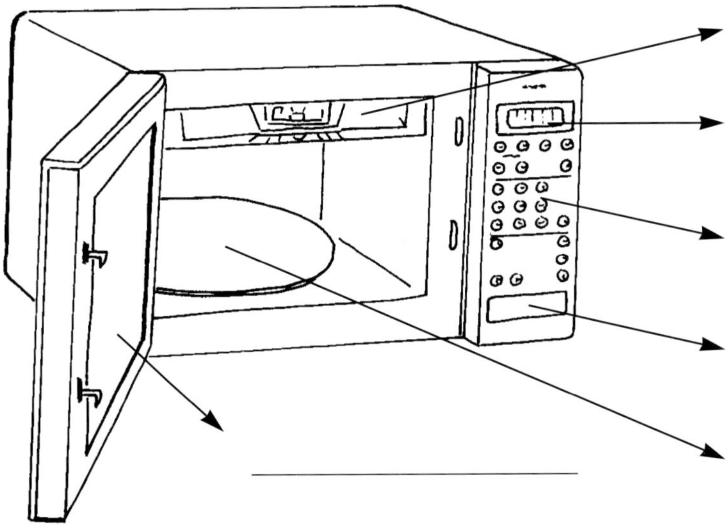

2. Was beachtest du im Umgang mit der Mikrowelle?

3. Was beachtest du bei der Reinigung des Gerätes?

Persen® Bergedorfer®
Best.-Nr. 2342

Der Schnellkochtopf

1. Beschrifte den Aufbau des Schnellkochtopfes.

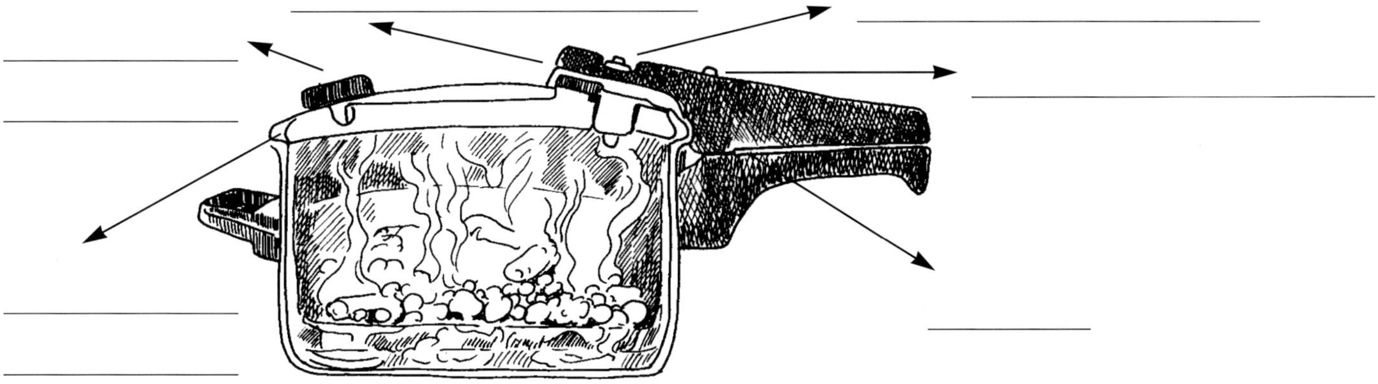

2. Was beachtest du im Umgang mit dem Schnellkochtopf?

3. Was beachtest du beim Reinigen des Topfes?

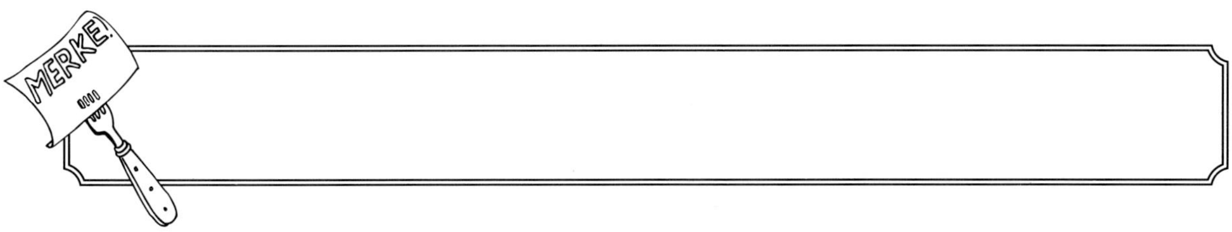

Persen® Bergedorfer®
Best.-Nr. 2342

Der Elektroherd

1. Beschrifte den Aufbau des Elektroherdes.

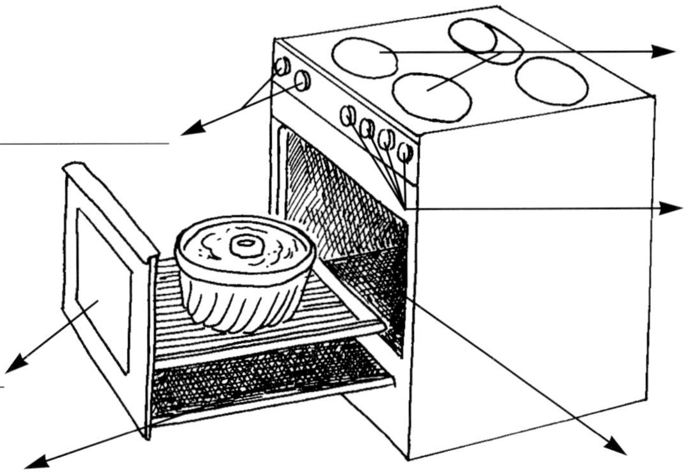

2. Was beachtest du im Umgang mit dem Elektroherd?

3. Was beachtest du bei der Reinigung des Herdes?

Bergedorfer® Best.-Nr. 2342

Der Kühlschrank

1. Beschrifte den Aufbau des Kühlschrankes.

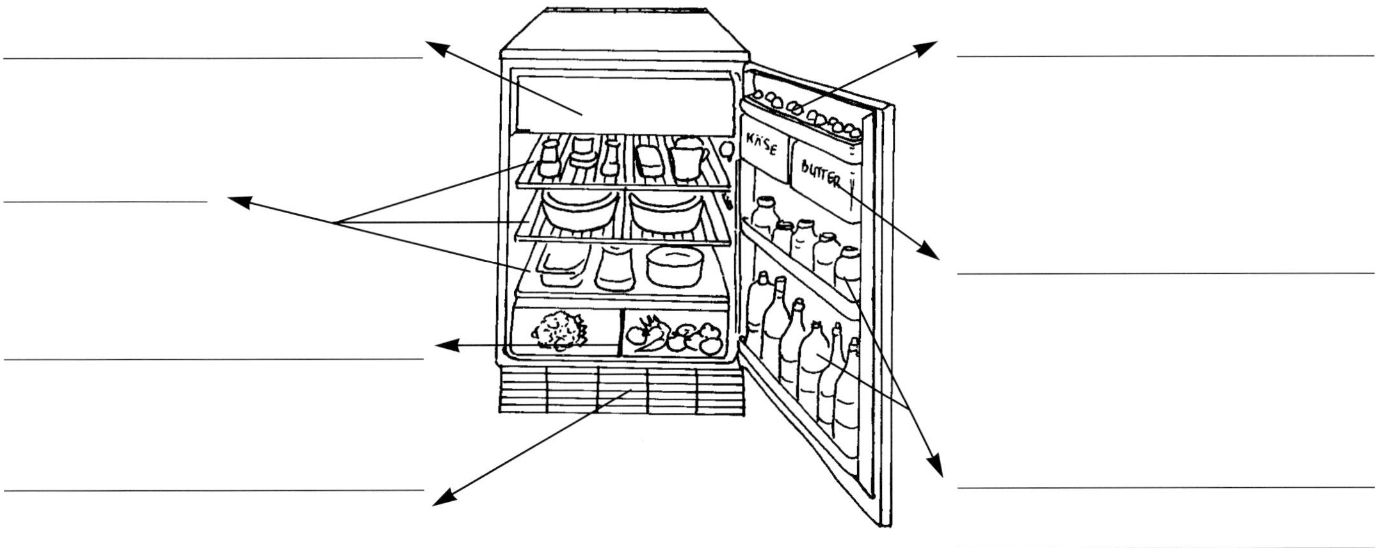

2. Was beachtest du im Umgang mit dem Kühlschrank?

3. Was beachtest du bei der Reinigung?

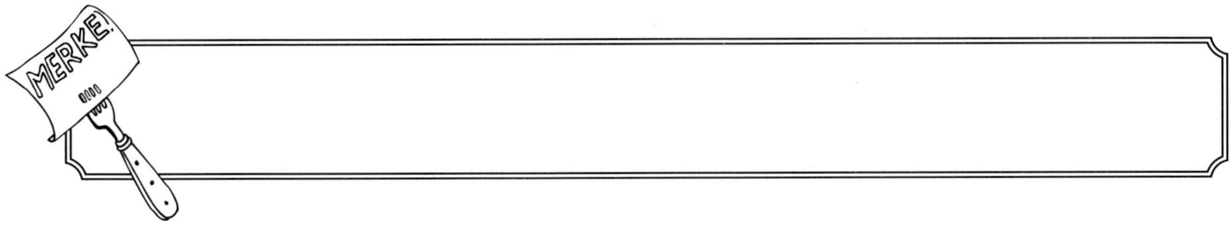

Bergedorfer®
Best.-Nr. 2342

Die Geschirrspülmaschine

1. Beschrifte den Aufbau der Geschirrspülmaschine.

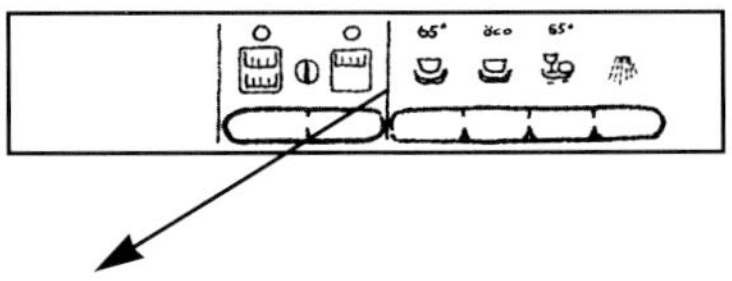

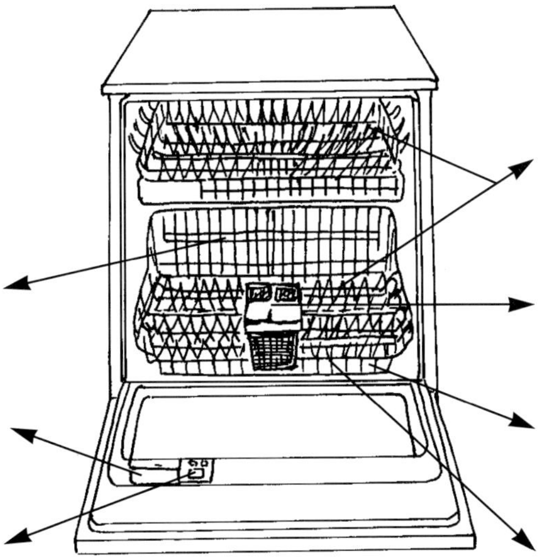

2. Was beachtest du im Umgang mit der Spülmaschine?

3. Was beachtest du bei der Reinigung?

Bd. 284. Christine Schreiber: Praktische Haushaltsführung – Grundwissen 7.–9. Schuljahr

Bergedorfer®
Best.-Nr. 2342

Getreide

1. Kennst du diese Getreidearten?

einheimisches Getreide	tropisches Getreide

2. Beschrifte den Querschnitt eines Getreidekorns.

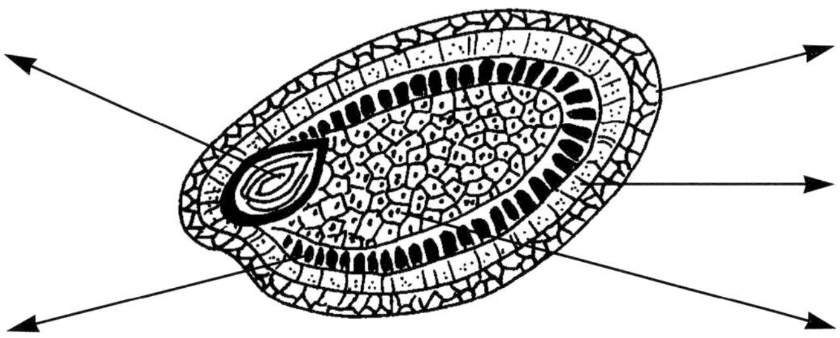

3. Beurteile das Getreide aus gesundheitlicher Sicht.

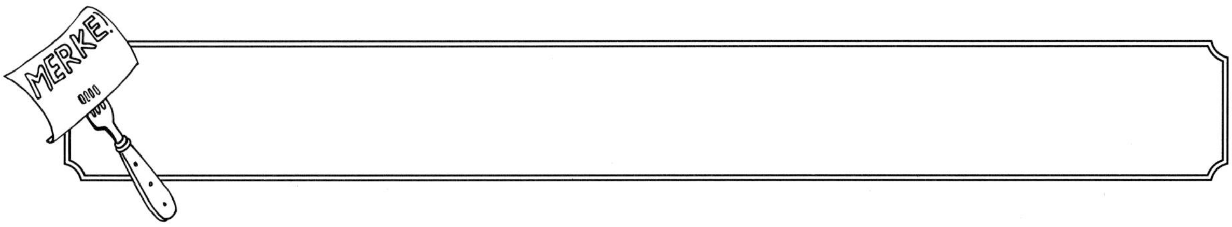

Brot

1. Welche Brotsorten kennst du?

2. Erkläre den Begriff „Ausmahlungsgrad“.

hohe Ausmahlung

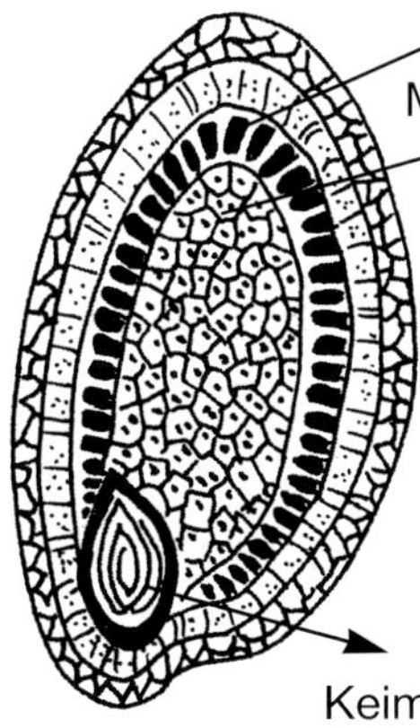

niedrige Ausmahlung

3. Beurteile das Brot aus gesundheitlicher Sicht.

4. Wie lagerst du Brot richtig?

Persen® Bergedorfer® Best.-Nr. 2342

Reis

1. Welche Reissorten kennst du? Nenne Beispiele für deren Verwendung.

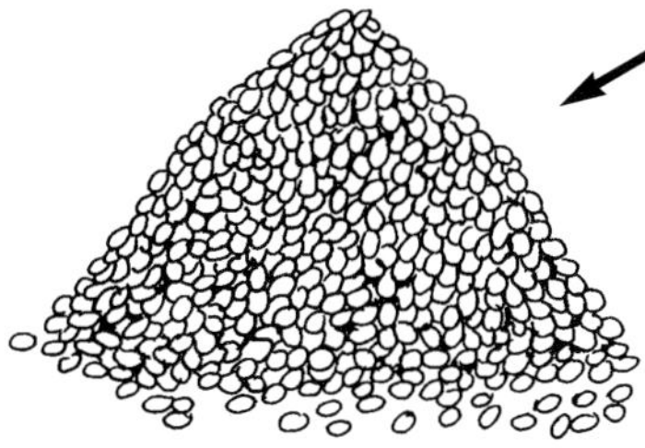

Verwendung

2. Beschrifte den Querschnitt eines Reiskorns.

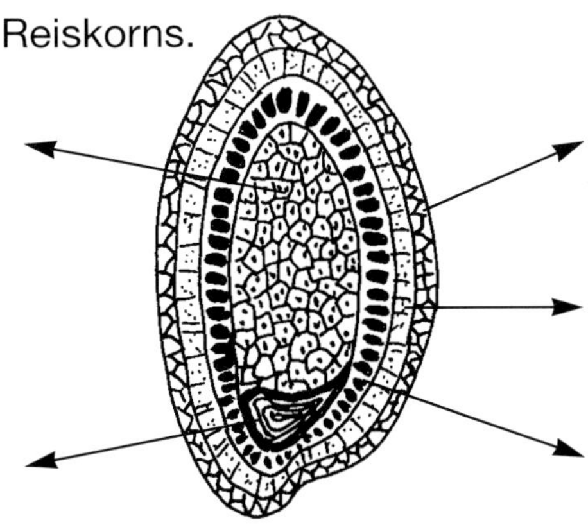

3. Beurteile den Reis aus gesundheitlicher Sicht.

Bd. 284. Christine Schreiber: Praktische Haushaltsführung – Grundwissen 7.–9. Schuljahr

Persen® Bergedorfer®
Best.-Nr. 2342

Kartoffeln

1. Nenne die drei Kocheigenschaften der Kartoffel und Beispiele für deren Verwendung.

2. Welche Angaben müssen auf einer Kartoffelverpackung stehen?

3. Beurteile die Kartoffel aus gesundheitlicher Sicht.

4. Wie lagerst du Kartoffeln richtig?

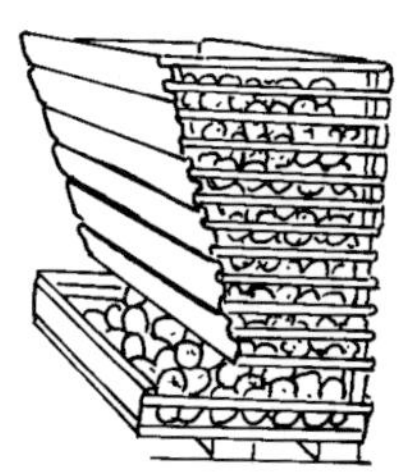

Persen® Bergedorfer® Best.-Nr. 2342

Teigwaren

1. Kennst du diese Nudeln?

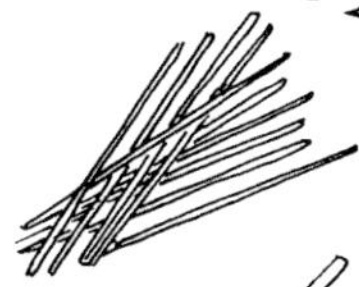

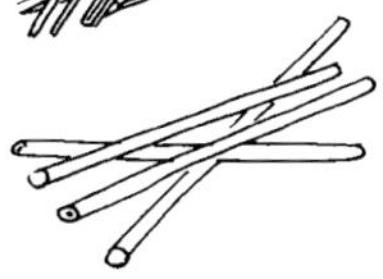
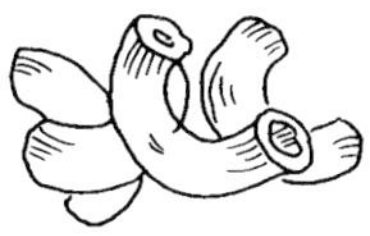

2. Wozu kannst du Nudeln verwenden?

3. Beurteile die Teigwaren aus gesundheitlicher Sicht.

4. Wie lagerst du Teigwaren richtig?

Persen® Bergedorfer® Best.-Nr. 2342

Milch

1. Zähle verschiedene Milchsorten und Milcherzeugnisse auf.

____

____

____

____

2. Welche Angaben müssen auf einer Milchpackung stehen?

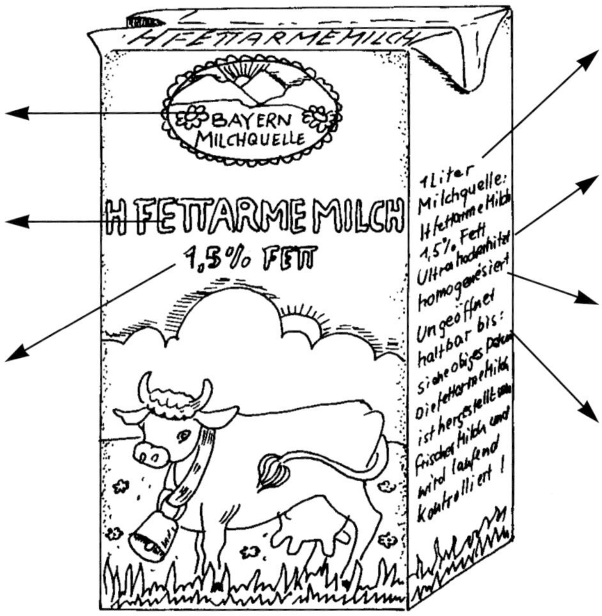

3. Beurteile die Milch aus gesundheitlicher Sicht.

____

____

____

____

4. Wie lagerst du Milch richtig?

____

Bergedorfer® Best.-Nr. 2342

Eier

1. Welche Angaben müssen auf einer Eierverpackung stehen?

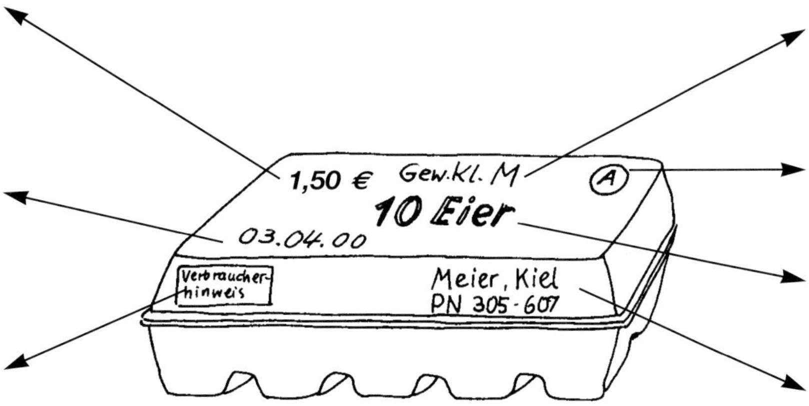

2. Woran erkennst du ein frisches Ei?

Schwimmtest

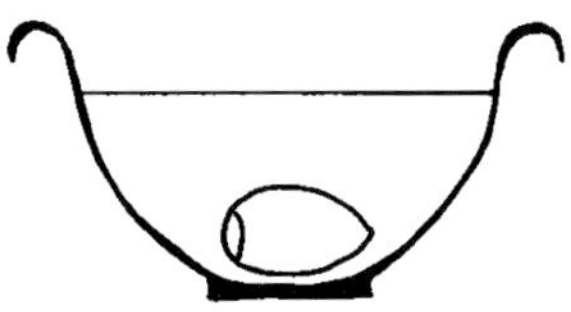

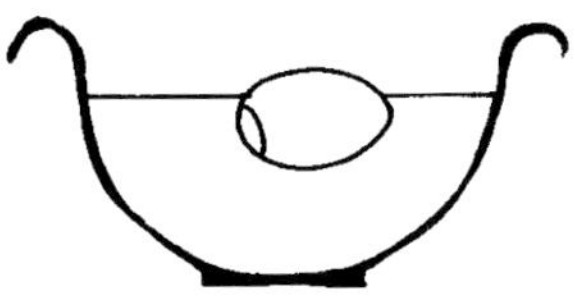

Aufschlagtest

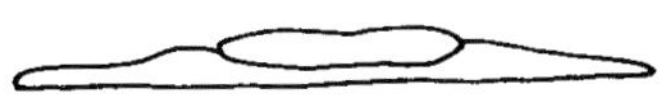

Frisch-Ei-Uhr

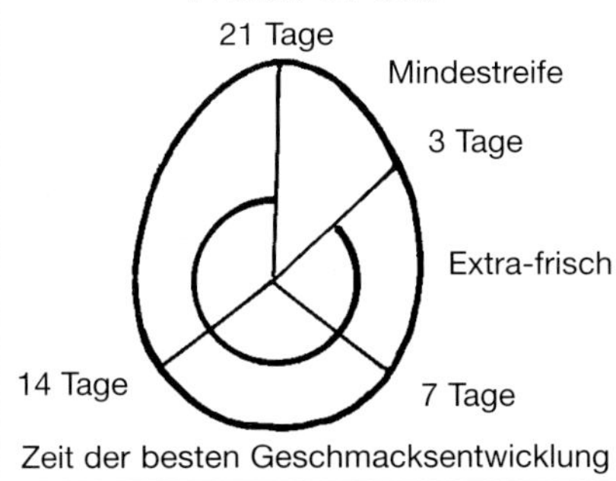

3. Wie und wie lange lagerst du Eier richtig?

Persen® Bergedorfer® Best.-Nr. 2342

Fleisch

1. Nenne die drei Fleischlieferanten. Gib jeweils Beispiele dazu.

2. Beurteile Fleisch aus gesundheitlicher Sicht.

3. Was beachtest du beim Einkauf und bei der Lagerung von Fleisch?

Persen® Bergedorfer®
Best.-Nr. 2342

Hackfleisch

1. Nenne die drei Hackfleischarten und erkläre diese kurz.

2. Beurteile Hackfleisch aus gesundheitlicher Sicht.

Wesentliche Punkte der Hackfleischverordnung vom 24. Juli 1992

Rohes Hackfleisch darf in Metzgereibetrieben nur am Tag der Herstellung verkauft werden.
Verpacktes Hackfleisch:
- ist mit einem Verbrauchsdatum gekennzeichnet: „verbrauchen bis spätestens …"
- trägt eine Temperaturangabe, die bei Aufbewahrung, Lagerung und Beförderung einzuhalten ist:
  - Frischware: +4 °C bis +7 °C
  - Tiefkühlware: -18 °C

Gefrorenes Hackfleisch: muss sechs Monate nach der Herstellung verkauft sein.

3. Was beachtest du beim Einkauf und bei der Lagerung von Hackfleisch?

Persen® Bergedorfer® Best.-Nr. 2342

Fisch

1. Fische werden nach ihrer Herkunft unterschieden.
   Ergänze die Tabelle.

Seefisch	Flussfisch

2. Beurteile den Fisch aus gesundheitlicher Sicht.

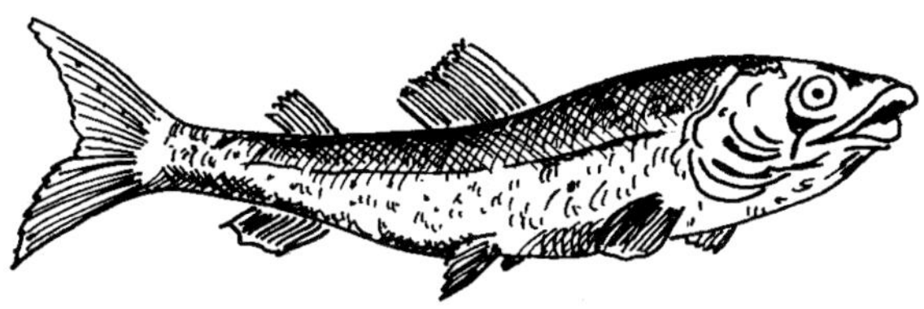

3. Was beachtest du beim Einkauf und bei der Lagerung von Fisch?

Bd. 284. Christine Schreiber: Praktische Haushaltsführung – Grundwissen 7.–9. Schuljahr

Persen® Bergedorfer® Best.-Nr. 2342

Obst

1. Wir unterscheiden Obst nach der Herkunft. Ordne die Obstsorten in die Tabelle ein.
   Ergänze weitere Beispiele.

____________			____________
Kernobst	Steinobst	Beerenobst	Südfrüchte

2. Beurteile Obst aus gesundheitlicher Sicht.

___

___

___

___

3. Was beachtest du beim Einkauf und bei der Lagerung von Obst?

___

___

___

___

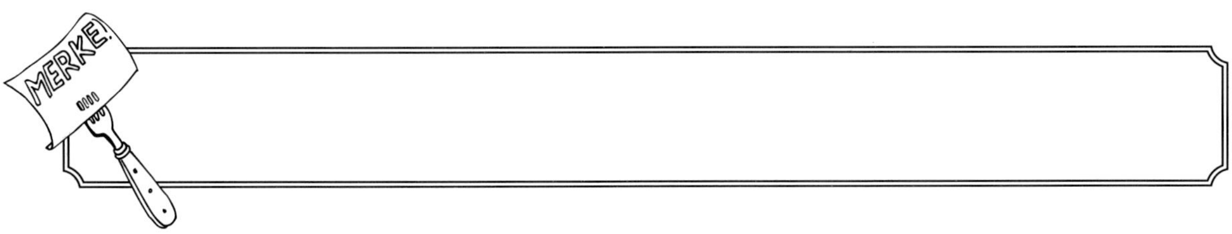

Bd. 284. Christine Schreiber: Praktische Haushaltsführung – Grundwissen 7.–9. Schuljahr

Bergedorfer® Best.-Nr. 2342

Gemüse

1. Gemüse unterscheiden wir nach den verwendbaren Pflanzenteilen.
   Ordne die Lebensmittel in die Tabelle ein. Ergänze weitere Gemüsearten.

Wurzelgemüse	Stängelgemüse	Blattgemüse	Blütengemüse	Fruchtsamen-gemüse

2. Beurteile das Gemüse aus gesundheitlicher Sicht.

3. Was beachtest du beim Einkauf und bei der Lagerung von Gemüse?

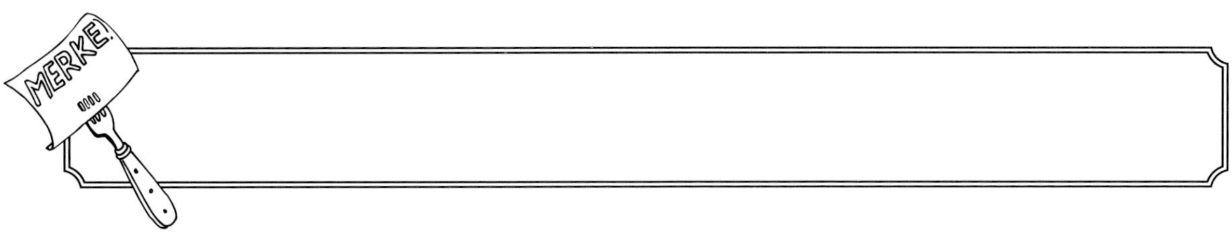

Gewürze und Küchenkräuter

1. Zähle verschiedene Gewürze und Küchenkräuter auf.

Gewürze	**Küchenkräuter**

2. Beurteile die Gewürze und Küchenkräuter aus gesundheitlicher Sicht.

3. Was beachtest du beim Einkauf und bei der Lagerung von Gewürzen und Küchenkräutern?

Persen® Bergedorfer®
Best.-Nr. 2342

Gesunde Getränke

1. Wir unterscheiden Säfte nach dem Fruchtanteil.

Fruchtanteil:	100 %	50 %	6 %	3 %

2. Beurteile die Getränke aus gesundheitlicher Sicht. Ergänze den Zuckergehalt.

von 1 Glas = 200 ml	**Würfelzucker (Stück)**	**sonstige Inhaltsstoffe**
Mineralwasser		viele Mineralstoffe
Tee ohne Zucker		natürliche Farb- und Geschmacksstoffe
Limonade		künstliche Geschmacksstoffe, Säuerungsmittel
Cola		Koffein, künstliche Farb- und Geschmacksstoffe
Fruchtsaftgetränk		viele Vitamine, natürliche Fruchtsäuren

3. Was solltest du beim Trinken beachten?

Zuckerarme Kost

1. Schätze den Anteil an Würfelzucker bei den dargestellten Lebensmitteln.
   Verwende die angegebenen Stückzahlen*: 67, 50, 34, 22, $12^1/_2$, 11, $2^1/_2$

* Würfelzuckerangaben aus: Dr. Felix Büchner, Handwerk und Technik Verlag „Zusammenleben – Zusammen arbeiten" 7. Jgst.

2. Beurteile den Zucker aus gesundheitlicher Sicht.

3. Wie kannst du deinen Zuckerverbrauch verringern?

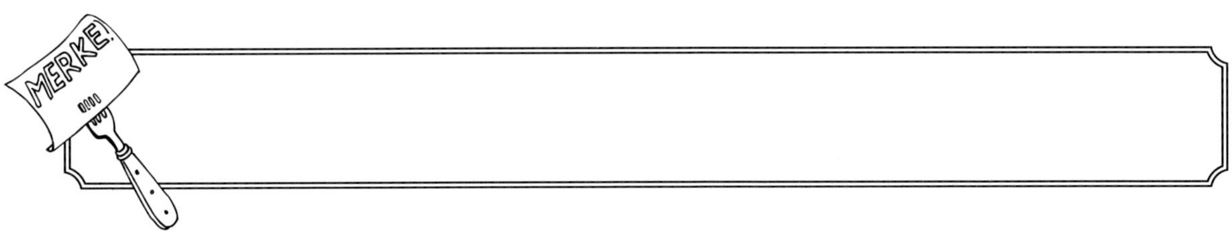

Persen® Bergedorfer®
Best.-Nr. 2342

Salzarme Kost

1. Welche Nahrungsmittel sollst du bei einer salzarmen Kost bevorzugen bzw. vermeiden? Ordne die Nahrungsmittel in die Tabelle ein. Ergänze weitere Beispiele.

bevorzuge:	**vermeide:**

2. Beurteile das Salz aus gesundheitlicher Sicht.

3. Wie kannst du deinen Salzverbrauch verringern?

Persen® Bergedorfer®
Best.-Nr. 2342

Fettarme Kost

1. Welche Lebensmittel sollst du bei einer fettarmen Kost bevorzugen bzw. vermeiden? Ordne die Nahrungsmittel in die Tabelle ein. Ergänze weitere Beispiele.

bevorzuge:	**vermeide:**

2. Beurteile Fett aus gesundheitlicher Sicht.

3. Wie kannst du deinen Fettverbrauch verringern?

Persen ® Bergedorfer ®
Best.-Nr. 2342

Purinarme Kost

1. Welche Lebensmittel sollst du bei einer purinarmen Kost bevorzugen bzw. vermeiden? Ordne die Nahrungsmittel in die Tabelle ein. Ergänze weitere Beispiele.

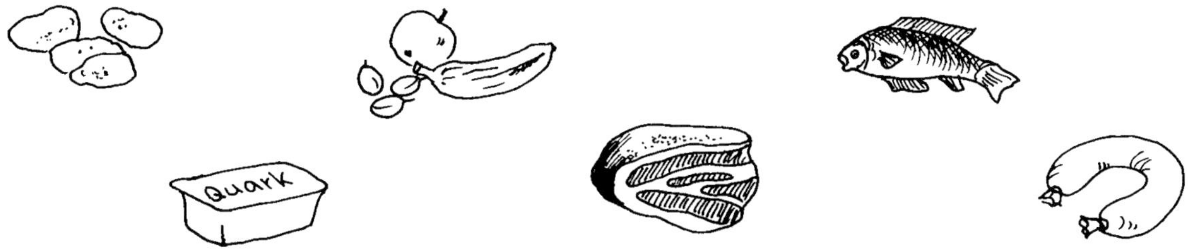

bevorzuge:	**vermeide:**

2. Beurteile Purin aus gesundheitlicher Sicht.

3. Wie kannst du deinen Purinverbrauch verringern?

Bd. 284. Christine Schreiber: Praktische Haushaltsführung – Grundwissen 7.–9. Schuljahr

Fleischarme Kost

1. Welche Fleischsorten sollst du bevorzugt bzw. selten verzehren?
   Ordne die Fleischarten in die Tabelle ein. Ergänze weitere Beispiele.

bevorzuge:	vermeide:

2. Wovon hängt die Fleischqualität ab?

____

____

____

____

3. Der Fleischverzehr kann durch optimale Kombination tierischer und pflanzlicher Eiweißträger verringert werden. Nenne Gerichte, die diese Kombination verdeutlichen.

____

____

____

____

____

____

Persen® Bergedorfer® Best.-Nr. 2342

Ballaststoffe

1. Lies den Text aufmerksam durch und unterstreiche wichtige Aussagen.

Ballaststoffe kann der Körper nicht verwerten, d. h. sie sind weitgehend unverdaulich. Sie liegen im Magen, sind dadurch stark sättigend und beugen damit auch dem Hungergefühl vor. Ballaststoffe quellen im Darm, sie saugen Flüssigkeiten auf. Durch die vergrößerte Nahrungsmenge wird der Darm stärker beansprucht und die Durchblutung verbessert. Außerdem haben die Mediziner nachgewiesen, dass der Cholesterinspiegel im Blut deutlich sinkt und dass die Risiken einer Herz- und Arterienerkrankung verringert werden.
Ballaststoffe verhelfen uns somit zu einer natürlichen, gesunden Verdauung und regen damit auch unseren Stoffwechsel an.

2. Welche Lebensmittel sind ballaststoffreich?

3. Beurteile die Ballaststoffe aus gesundheitlicher Sicht.

Bd. 284. Christine Schreiber: Praktische Haushaltsführung – Grundwissen 7.–9. Schuljahr

Fast Food

1. Zähle Fast-Food-Gerichte auf.

2. Beurteile die zwei Menüs.

Peter:
Currywurst, Pommes frites mit Mayo, Colagetränk

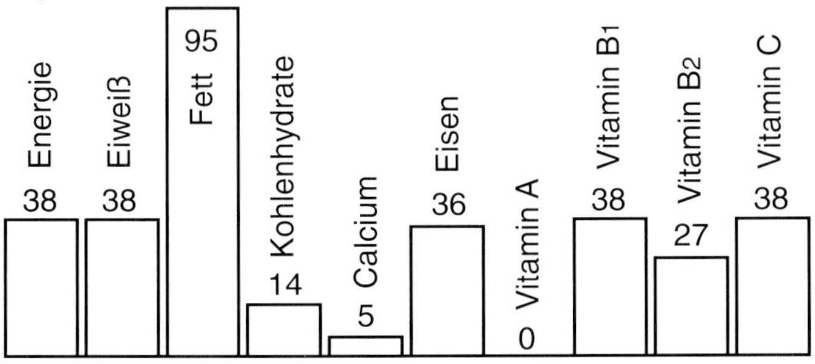

Tina:
Hamburger, Chef-Salat, Orangensaft

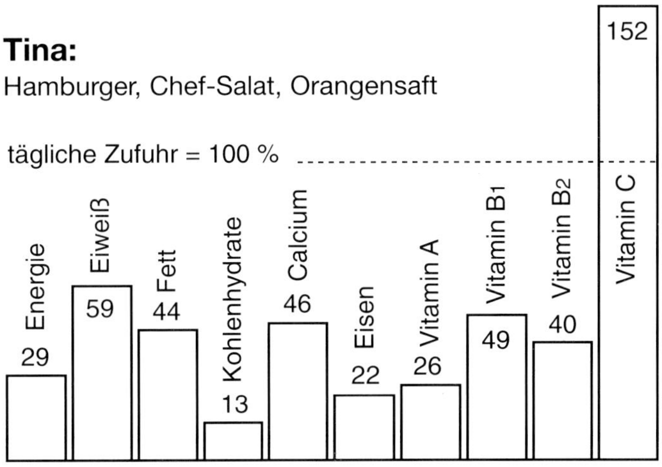

Diagramme von: AiD Verbraucher Dienst informiert; Heft 11/99

3. Beurteile Fast Food (schnelles Essen) aus gesundheitlicher und ökologischer Sicht.

Bergedorfer® Best.-Nr. 2342

Vorrat – selbst hergestellt

1. Nenne die bekanntesten Verfahren zur Haltbarmachung und jeweils Beispiele dazu.

	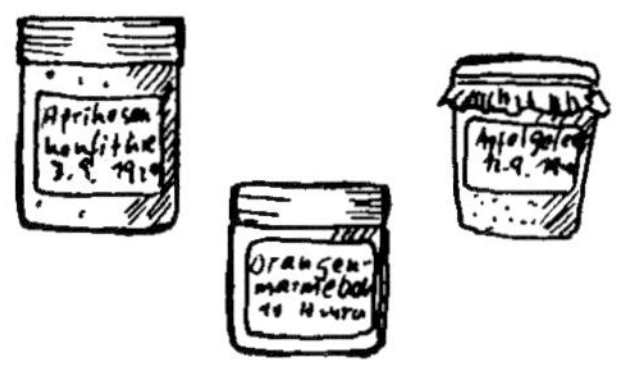		

2. Welche Regeln solltest du bei der Haltbarmachung von Lebensmitteln beachten?

3. Nenne die Vorteile eines selbst hergestellten Vorrates gegenüber gekauftem.

Wir stellen Marmelade her

1. Was musst du vorbereiten?

2. Was beachtest du beim Herstellen?

3. Was beachtest du beim Abfüllen?

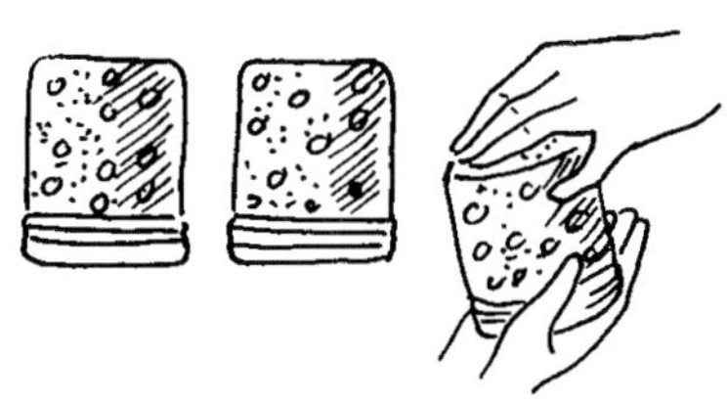

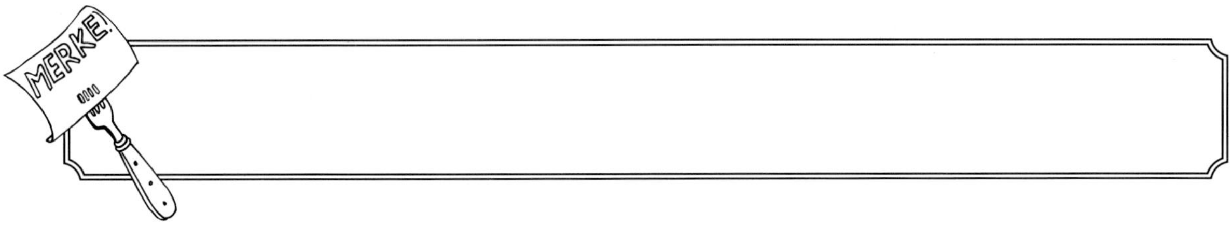

„Gift“ auf unserem Teller

1. Wodurch können Lebensmittel verderben?

2. Welche schädlichen Inhaltsstoffe kann unsere Nahrung enthalten?

3. Welche Krankheiten können dadurch auftreten?

4. Wie kannst du dich schützen?

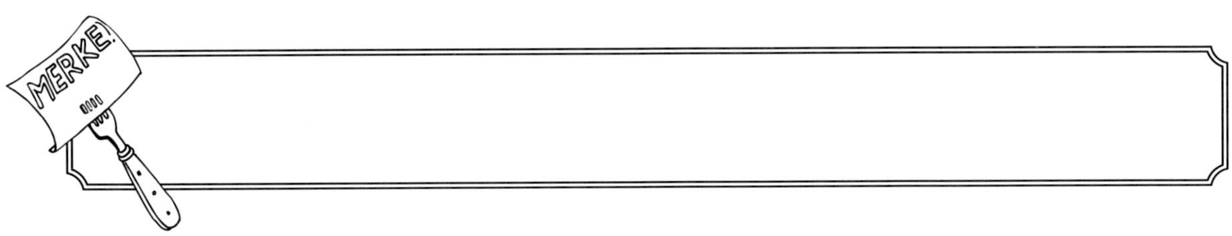

Bergedorfer® Best.-Nr. 2342

Zusatzstoffe in unseren Lebensmitteln

Zutaten
entrahmte Milch, Zucker, Kakaopulver, Kokosfett, modifizierte Stärke, Verdickungsmittel, natürliche Aromastoffe, Farbstoffe E 102, E 124

1. Welche Zusatzstoffe kennst du?

2. Was sind E-Nummern und warum werden sie verwendet?

3. Was steckt hinter folgenden E-Nummern?

E 210:

E 200:

E 230 bis 233:

4. Bilde dir ein Urteil über folgende Farbstoffe.

Natürliche Lebensmittelfarben:

E-Nummer	Name	Farbe	Bewertung
E 150	Zuckerkulör	Braun	unbedenklich, wird durch Erhitzen von Zucker gewonnen
E 140	Chlorophyll	Grün	natürlicher Farbstoff des Blattgrüns, daher unbedenklich
E 120	Cochenille	Rot	natürlicher Farbstoff, wahrscheinlich unbedenklich
E 160	Carotinoide	Orange	unbedenklich, werden im Körper zu Vitamin A umgebaut

Künstliche Lebensmittelfarben:

E-Nummer	Name	Farbe	Bewertung
E 110	Gelborange S	Orange	kann allergieauslösend sein
E 122	Anzorubin	Rot	kann allergieauslösend sein
E 123	Amaranth	Rot	kann allergieauslösend sein
E 124	Cochenillerot	Rot	kann allergieauslösend sein
E 131	Patentblau	Blau	keine Nebenwirkungen bekannt

Persen® Bergedorfer® Best.-Nr. 2342

Einen Haushalt ökonomisch und ökologisch führen | 1

Der Familienhaushalt

1. Welche Arbeiten fallen in einem Familienhaushalt häufig an?

Tisch decken — *Betten machen* — *Wohnung lüften* — *Essen zubereiten* — *Hausaufgaben kontrollieren*

Wäsche waschen und bügeln — *Blumen pflegen* — *Müll entsorgen* — Hausfrau oder Hausmann? — *Geschirr spülen* — *putzen aufräumen* — *kehren staubsaugen* — *einkaufen*

2. Wovon hängt die Arbeitsteilung in einer Familie ab?

– Zeit, die jedes Familienmitglied hat.
– Berufstätigkeit der Familienmitglieder.
– Berufliche Belastungen.
– Alter der Kinder …

3. Welche Hausarbeiten erledigst du in der Familie?

Müll entsorgen, abspülen, Tisch decken, eigenes Zimmer sauber halten …

4. Überlege dir, welche Arbeiten man gegen Bezahlung verrichten lassen kann.

Wäsche waschen und bügeln, putzen …

MERKE! *Jedes Familienmitglied sollte einen Beitrag zur Hausarbeit leisten!*

Einen Haushalt ökonomisch und ökologisch führen | 2

Wofür geben wir Geld aus?

1. Ordne die Ausgaben einer Familie in die Tabelle ein. (Ergänze weitere Ausgaben.)

feste Ausgaben	wechselnde Ausgaben	Sonderausgaben
Miete	*Reparaturen*	*Geschenke*
Versicherungen	*Kleidung*	*Spenden*
Wasser, Strom, Müll	*Körperpflege*	*Kino, Konzert, Theater*
Rundfunk und Fernsehen	*Lebensmittel*	*Zeitungen, Bücher*
Heizung	*Getränke*	*Urlaub*
Auto, Fahrgeld	*Telefon*	*Ersparnisse*
Tageszeitung	*Schulbedarf*	*Genussmittel*
	Vereinsbeiträge	*Essen gehen*

2. Bei welchen Ausgaben könntest du sparen?

Geschenke, Spenden, Kino, Urlaub, Zeitungen, Kleidung, Lebensmittel, Genussmittel, Telefon …

MERKE! ***Sonderausgaben** können stark eingeschränkt werden!*

Einen Haushalt ökonomisch und ökologisch führen | 3

Wir führen ein Haushaltsbuch

1. Schau dir das Haushaltsbuch der Familie Forster genau an.
Errechne das Guthaben am 10. 04.

Datum	Art der Ausgaben/ Einnahmen	Einnahmen	Ausgaben	Wohnung/ Haushalt	Lebensmittel/ Getränke	Kleidung	Auto/ Fahrgeld	Persönliche Ausgaben	Besondere Ausgaben	Rücklagen
01. 04.	Haushaltsgeld	500,00*								
02. 04.	Supermarkt		42,10	4,20	37,90					
02. 04.	Fahrgeld: Felix		20,00				20,00			
04. 04.	Geschenk		7,80						7,80	
05. 04.	Friseur: Mutter		23,50					23,50		
07. 04.	Reinigung		3,25			3,25				
08. 04.	Metzgerei		10,20		10,20					
	Kassenstand	500,00	*106,85*							
10. 04.	Guthaben	*393,15*								

* Alle Angaben in Euro.

2. Wie führst du ein Haushaltsbuch?

– Alle Rechnungen und Belege aufheben.
– Alle Ausgaben und Einnahmen täglich eintragen; nicht aufschieben.
– Verbleibendes Guthaben ausrechnen.

3. Welche Vorteile bringt dir ein Haushaltsbuch?

– Ständige Kontrolle, für welchen Zweck das Geld ausgegeben wurde.
– Preise und Ausgaben sind vergleichbar.
– Einsparungen vornehmen.
– Überblick über vorhandenes Geld.
– Überlegt sparen.

MERKE! *Das Haushaltsbuch hilft uns beim Wirtschaften mit Geld!*

Einen Haushalt ökonomisch und ökologisch führen | 4

Wir planen eine Mahlzeit

1. Welche Vorarbeiten musst du erledigen?

– Menü zusammenstellen.
– Rezept genau lesen.
– Geräte und Geschirr bereitstellen.
– Lebensmittel bereitstellen und abwiegen.

2. Worauf musst du beim Erstellen eines Organisationsplanes achten?

– Vorbereitungsarbeiten (Rüstzeit) berücksichtigen.
– Speisen, die erkalten müssen, zuerst zubereiten.
– Wartezeiten/Garzeiten nützen.
– Hauptarbeiten in eine sinnvolle Reihenfolge bringen.
– Einsetzen arbeitssparender Geräte.
– Speisen erst kurz vor dem Servieren garnieren.
– Nacharbeitszeit mit einplanen.

3. Erstelle einen Organisationsplan für unser heutiges Gericht!

– Alle Geräte und Zutaten vorbereiten.
– Wasser zum Kochen aufsetzen.
– Schinken in Würfel schneiden.
– Petersilie waschen und schneiden.
– Nudeln ins kochende Wasser geben.
– Gurke schälen und hobeln.
– Marinade herstellen.
– Salat anmachen, durchziehen lassen.
– Nudeln abseihen und abschrecken.
– Fett erhitzen.
– Schinken und Nudeln anbraten.
– Salat abschmecken, anrichten.
– Nudeln anrichten, mit Petersilie garnieren.

Einen Haushalt ökonomisch und ökologisch führen		5

Auf die richtige Arbeitshaltung kommt es an

1. Schau dir die Tabelle an und versuche daraus Regeln abzuleiten.

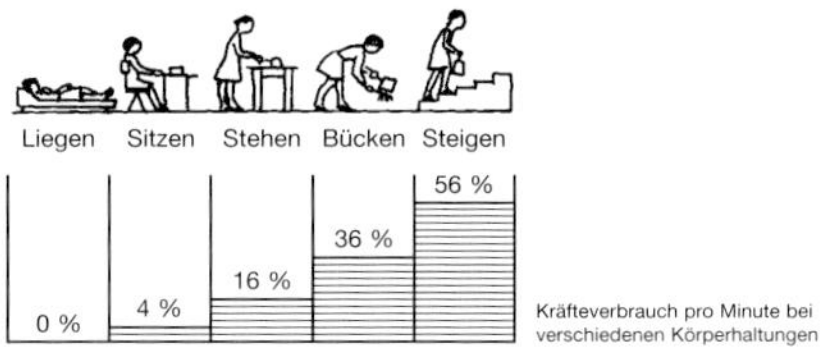

– Bücken ist nach dem Steigen die anstrengendste Körperhaltung.
– Verrichte möglichst viele Arbeiten im Sitzen.
– Vermeide gebücktes Arbeiten.
– Achte auf eine gerade Körperhaltung.

2. Kreuze die richtige Arbeitshaltung an und begründe deine Auswahl.

→ *Im Sitzen auf eine gerade Körperhaltung achten.*

→ *Die Arbeitsfläche darf nicht zu hoch und nicht zu niedrig sein.*

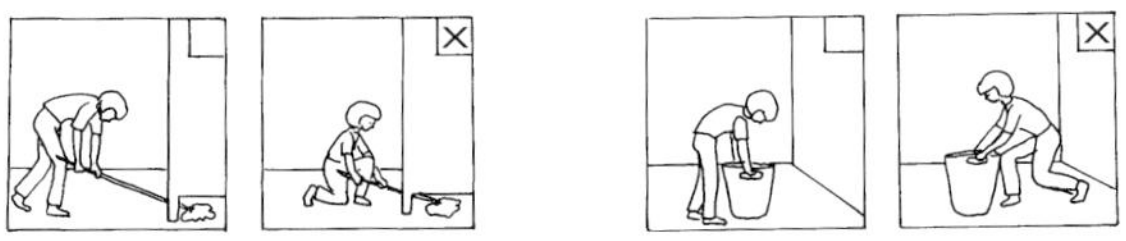

Gebeugtes Arbeiten vermeiden: in die Knie gehen.

Gebeugtes Hochheben vermeiden: in die Knie gehen.

MERKE: *Die richtige Arbeitshaltung spart Kraft und vermeidet Gesundheitsschäden!*

Einen Haushalt ökonomisch und ökologisch führen		6

Selbst herstellen oder kaufen?

1. Nenne Fertig- und Halbfertigprodukte und trage sie in die Tabelle ein.

Halbfertigprodukte	Fertigprodukte
Fertigteige	*Ravioli*
Knödelpulver	*Pizza*
Püreepulver	*Eintöpfe*
Backmischungen	*Fleischgerichte*
Soßenpulver	*Tiefkühlgemüse*

2. Nenne Vor- und Nachteile der beiden Produktarten.

Vorteile	Nachteile
Schnelle, einfache Zubereitung,	*Einheitlicher Geschmack,*
zu jeder Jahreszeit erhältlich,	*teuer,*
großes Angebot,	*enthalten Zusatzstoffe, z. B. Farbstoffe,*
lange lagerfähig,	*nährstoffarm,*
wenig Kochkenntnisse erforderlich …	*unnötige Verpackung …*

3. Warum sollte man Selbstzubereitetes vorziehen?

– Höherer Nährstoffgehalt.
– Naturbelassener Geschmack.
– Verringern der Umweltbelastung.
– Produziert weniger Müll.
– Geld wird gespart.

MERKE: *Bereite deine Speisen so oft wie möglich frisch zu!*

Einen Haushalt ökonomisch und ökologisch führen		7

Augen auf beim Einkaufen

1. Wo kannst du einkaufen?

Fachgeschäft, Supermarkt, Kaufhaus, Wochenmarkt, Bauernhof, Katalog, Großhandel, Fabrik …

2. Kreuze an, welche Packung du bevorzugen würdest. Begründe deine Auswahl.

Mehrwegflasche statt Tetrapack.

Auf unnötige Verpackungen verzichten.

Mehrwegflasche statt Dose.

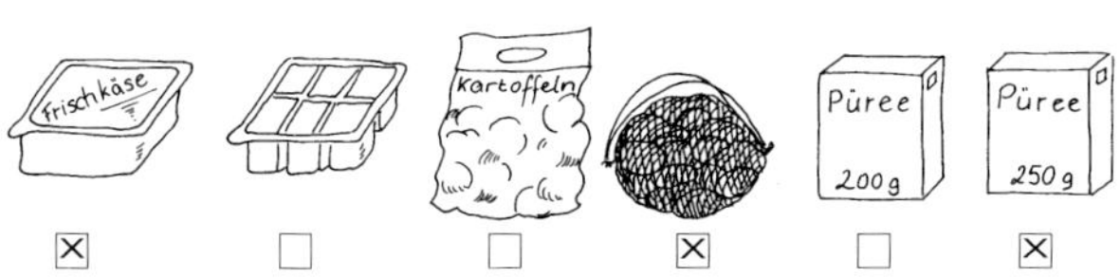

Einzelportionen sind verpackungsaufwändiger.

Kunststoffmüll vermeiden.

Gleiche Größe: 200 g = Mogelpackung.

3. Gehe in verschiedene Lebensmittelgeschäfte am Ort und erkundige dich nach dem Preis für 1 Liter Milch.

Geschäft	Preis

Geschäft	Preis

MERKE: *Als kritischer Verbraucher kaufe ich bewusst und wirtschaftlich ein!*

Einen Haushalt ökonomisch und ökologisch führen		8

Wir planen eine Küche

1. Wovon hängt die Gestaltung einer Küche ab?

Familiengröße, Größe des Raumes, Esszimmer/Speisekammer vorhanden …

2. Beschrifte die Küchenformen!

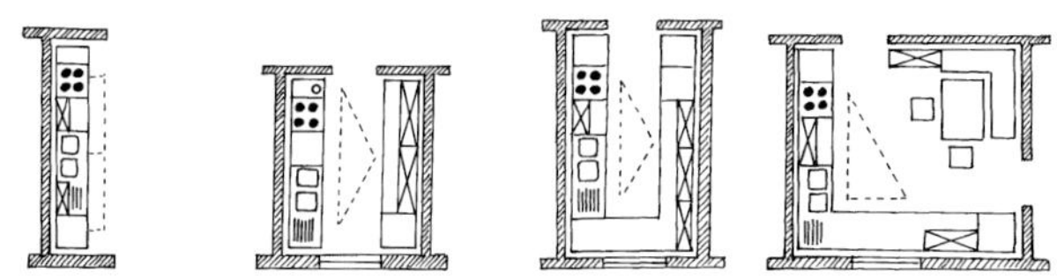

einzeilig *zweizeilig* *U-Form* *L-Form*

3. Benenne die verschiedenen Funktionsbereiche einer Küche.

Vorratsbereich — *Spülbereich*
Koch-/Backbereich — *Arbeitsbereich*

4. Was beachtest du beim Einrichten einer Küche?

– In Herdnähe: Töpfe, Kochgeschirr, Gewürze.
– Bei der Arbeitsfläche: Arbeitsgeräte und -geschirr.
– Weniger benutzte Geräte (z. B. Backformen) weiter entfernt aufbewahren.
– Beim Kühlschrank: Vorratsschränke für Lebensmittel.
– Beim Essplatz: Essbesteck, Essgeschirr, Tischsets.

MERKE: *Eine gut geplante und sinnvoll eingerichtete Küche spart viel Zeit und Kraft!*

Einen Haushalt ökonomisch und ökologisch führen		9

Fehler bei der Küchenplanung

1. Lies den Text genau durch und unterstreiche die Planungsfehler, die in Claudias Küche auftreten.

> Claudia berichtet:
> „Seit wir in unsere neue Wohnung eingezogen sind, ärgere ich mich über meine Küche. Ich wünschte, der Architekt wäre Hobbykoch, dann hätte er die Küche bestimmt größer und funktionsgerechter geplant. Es beginnt schon am Morgen, wenn ich das Licht einschalten möchte, denn der Schalter wird von einem Schrank verdeckt. Dann geht die Steckdosensucherei los, wenn Toaster, Kaffeemaschine, Wasserkocher, Radio usw. gleichzeitig eingeschaltet werden sollen. An allen Ecken und Enden muss ich die Geräte einstecken.
> Neulich kam mein Bruder mit seiner Familie zu Besuch und ich wollte ein schönes Mittagessen kochen. Die angebotene Hilfe meines Mannes musste ich glatt aus Platzgründen ablehnen. Außerdem finde ich, dass die Küchenschränke und elektrischen Geräte nicht sinnvoll angeordnet sind.
> Vor kurzem habe ich gelesen, dass man verschiedene Küchen getestet hat. Eine Testperson hat in einer unzweckmäßig eingerichteten Küche ein Mittagessen für vier Personen zubereitet. Man hat dabei die Zeit gestoppt und den zurückgelegten Weg gemessen. Diese Person hat 69 Minuten gebraucht und 174 m zurückgelegt. Anschließend kochte die gleiche Testperson in einer funktionsgerechten Küche das gleiche Gericht. Was glaubst du, hat sie an Zeit und Weg gespart? Sie hat nur 70,30 m und 51 Minuten für das gleiche Essen gebraucht.
> Wenn ich das auf ein Jahr umrechne, spart man in einer funktionsgerechten Küche ca. 38 km und 110 Stunden Arbeit."

2. Kreuze die richtige Küchenplanung an und begründe deine Auswahl.

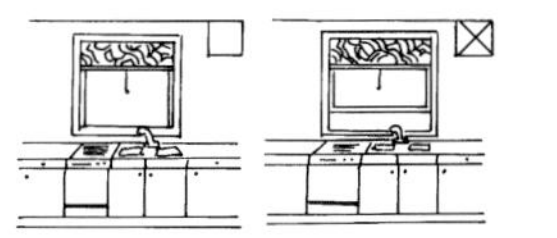

Damit das Fenster geöffnet werden kann, ein fest stehendes Fensterteil einplanen.

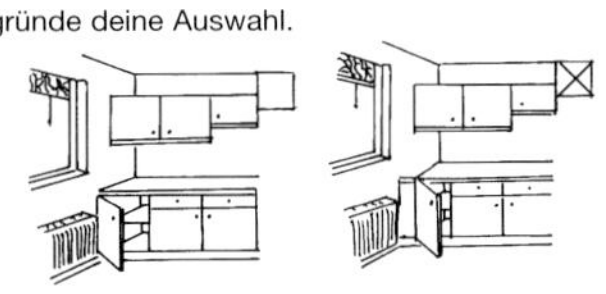

Tür geht nicht ganz auf, deshalb eine Blende anbringen.

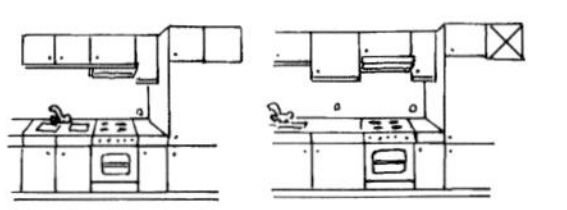

Zwischen Herd und Spüle immer eine Arbeitsfläche einplanen.

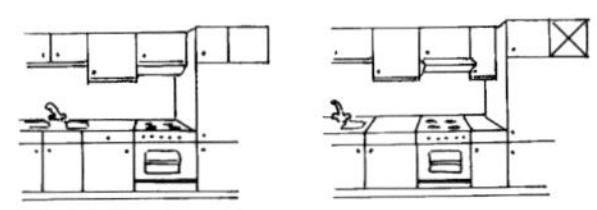

Herd nie direkt neben einen Hochschrank stellen, Abstellfläche dazwischen einplanen.

Einen Haushalt ökonomisch und ökologisch führen		10

Wir kontrollieren unseren Energie- und Wasserverbrauch

Täglicher Wasserverbrauch eines Bundesbürgers: *120 - 160 l*

1. Wofür brauchen wir Wasser und Energie? Zähle Beispiele auf.

Wasser	Energie
Baden, Duschen	*Heizen von Wohnräumen.*
Toilettenspülung	*Elektrisches Licht.*
Wäsche waschen	*Elektrischer Strom für: Radio,*
Körperpflege	*Küchengeräte, Fernseher,*
Geschirr spülen	*Föhn, Staubsauger …*
Garten sprengen	
Kochen	
Putzen	
Auto waschen	

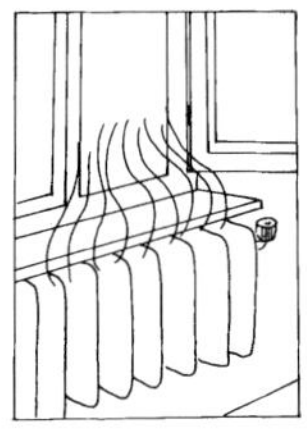

2. Wie kannst du deinen Verbrauch reduzieren?

Wasser	Energie
Wasser sparsam verwenden.	*Wohnräume nicht überheizen.*
3-mal Duschen = ein Vollbad.	*Kurz und gründlich lüften.*
Tropfende Wasserhähne	*Haushaltsgeräte mit Energiesparprogramm*
reparieren.	*benutzen.*
Wasch- bzw. Spülmaschine nur voll	*Passendes Kochgeschirr verwenden.*
gefüllt einschalten.	*Restwärme ausnutzen.*
Toilettenspülung mit Spartaste.	*Richtige Herdschaltung beachten.*
Regenwasser zum Gießen verwenden.	*Heißluftsystem benutzen.*

Durch Reduzieren unseres Energie- und Wasserverbrauches können wir die Umwelt schützen!

Einen Haushalt ökonomisch und ökologisch führen		11

Reinigungs- und Pflegemittel

1. Ordne die Reinigungs- und Pflegemittel in die Tabelle ein. (Ergänze weitere Beispiele.)

mechanisch wirkende Mittel	chemisch wirkende Mittel	mechanisch und chemisch wirkende Mittel
Topfkratzer	*Geschirrspülmittel*	*verseifte Stahlwolle*
Stahlwolle	*Waschpulver*	*flüssige Scheuermilch*
Schwamm	*Fensterklar*	
Scheuerpulver	*Sanitärreiniger*	
Bürste	*Kalklöser*	
	Bodenputzmittel	

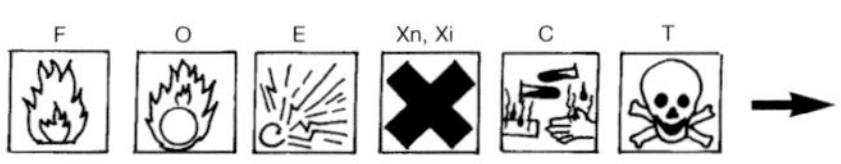

2. Was beachtest du im Umgang mit Reinigungs- und Pflegemitteln zur Entlastung der Umwelt?

– Reinigungsmittel sparsam verwenden.

– Schonende und umweltfreundliche Mittel bevorzugen.

– Auf Desinfektionsmittel verzichten.

– Gebrauchsanweisung genau durchlesen.

– Auf besonders gefährliche Mittel verzichten.

– Mehr mechanische und weniger chemische Mittel verwenden.

Chemische Pflegemittel belasten die Umwelt!

Einen Haushalt ökonomisch und ökologisch führen		12

Ist unsere Umwelt in Gefahr?

1. Lies den Artikel aufmerksam durch.

> **Artikel 141**
> (1) Der Schutz der natürlichen Lebensgrundlage ist, auch eingedenk der Verantwortung für die kommenden Generationen, der besonderen Fürsorge jedes Einzelnen und der staatlichen Gemeinschaft anvertraut. Mit Naturgütern ist schonend und sparsam umzugehen. Es gehört auch zu den vorrangigen Aufgaben von Staat, Gemeinden und Körpeschaften des öffentlichen Rechts, Boden, Wasser und Luft als natürliche Lebensgrundlagen zu schützen, eingetretene Schäden möglichst zu beheben oder auszugleichen und auf möglichst sparsamen Umgang mit Energie zu achten, die Leistungsfähigkeit des Naturhaushaltes zu erhalten und dauerhaft zu verbessern, den Wald wegen seiner besonderen Bedeutung für den Naturhaushalt zu schützen und eingetretene Schäden möglichst zu beheben oder auszugleichen, die heimischen Tier- und Pflanzenarten und ihre notwendigen Lebensräume sowie kennzeichnende Orts- und Landschaftsbilder zu schonen und zu erhalten.
> (Artikel 141 der Bayerischen Verfassung)

2. Was verstehst du unter Umweltschutz?

– Sparsam und schonend mit Naturgütern umgehen.

– Boden, Wasser und Luft rein erhalten.

– Umweltschäden möglichst beheben oder ausgleichen.

– Verringerung des Energieverbrauches.

– Schützen des Waldes.

– Heimische Tier- und Pflanzenarten schützen und erhalten.

3. Welchen Beitrag kannst du zum Umweltschutz leisten?

– Auf unnötiges Verpackungsmaterial verzichten.

– Mehrwegflaschen statt Einwegflaschen benutzen.

– Gläser statt Konserven kaufen.

– Einkaufskorb statt Plastiktüte verwenden.

– Müll richtig trennen und entsorgen.

– Energie- und Wasserverbrauch reduzieren.

– Auf bedenkliche Wasch- und Reinigungsmittel verzichten.

4. Welche Gefahren bringt die Umweltverschmutzung für den Menschen?

Allergien, Hautkrankheiten, Hautkrebs, erhöhtes Krebsrisiko …

Jeder von uns kann die Umwelt durch aktive Mitarbeit schützen!

Einen Haushalt ökonomisch und ökologisch führen		13

Öko-Test

Sicher wollt ihr euch alle umweltfreundlich verhalten.
Aber wissen wir überhaupt genug dafür?
Hier kannst du dich selbst testen und eine Menge erfahren.
Kreuze die richtigen Antworten an.

1. c	**6. a**
2. a + c	**7. b**
3. a + b + c	**8. a + b**
4. c	**9. c**
5. a + b + c	**10. c**

9/10 Punkte

Donnerwetter, du hast das Zeug zum „Öko-Freak".
Gib dein Wissen ruhig weiter, manch einer braucht einen Anstoß zum umweltgerechten Handeln.

6–8 Punkte

Du weißt eigentlich ziemlich gut Bescheid.
Damit hast du die besten Voraussetzungen, dich umweltgerecht zu verhalten.
Tust du es auch?

3–5 Punkte

Obwohl du einige Fragen richtig beantwortet hast, gibt es genügend Bereiche, in denen du deinen Wissensstand noch verbessern solltest.

Rationelles Arbeiten durch Küchengeräte		14

Wir kaufen ein Haushaltsgerät

1. Ordne die Geräte in die Tabelle ein. Ergänze die Tabelle.

Nahrungszubereitung	Vorratshaltung	Reinigung	Wäschepflege
Elektroherd	*Kühlschrank*	*Spülmaschine*	*Bügeleisen*
Mikrowelle	*Gefrierschrank*	*Staubsauger*	*Bügelmaschine*
Handrührgerät	*Gefriertruhe*	*Waschmaschine*	*Waschmaschine*
Küchenmaschine			*Wäschetrockner*

2. Was musst du dir vor dem Kauf eines Gerätes überlegen?

– Brauchbarkeit, Rentabilität,
– Handhabung,
– Wirtschaftlichkeit,
– Sicherheit,
– Preis,
– Reinigungsaufwand …

3. Wo kannst du Informationen darüber einholen?

– Beratungsstellen (Verbraucherzentrale).
– Fachpersonal im Fachgeschäft.
– Testberichte in Zeitschriften (Stiftung Warentest).
– Freunde und Bekannte mit Erfahrungen.

MERKE! *Informiere dich an verschiedenen Stellen vor deiner Kaufentscheidung!*

Rationelles Arbeiten durch Küchengeräte		15

Hand- oder Maschinenarbeit?

1. Was solltest du dir vor der Benutzung eines Gerätes überlegen?

– Eignung des Gerätes,
– Notwendigkeit des Einsatzes,
– Sicherheit des Gerätes,
– Kraft- und Zeitgewinn,
– Bereitstellungszeit,
– Reinigungsaufwand,
– richtige Bedienung …

2. Beurteile die beiden Geräte hinsichtlich der aufgestellten Kriterien.

	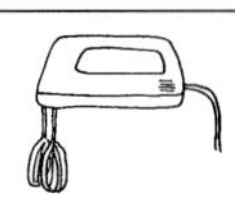	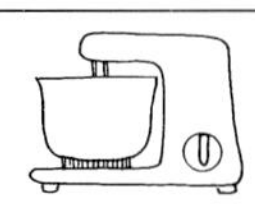
Bereitstellungszeit (vorbereiten, wegräumen)	*kurz*	*kurz*
Reinigungsaufwand	*niedrig*	*höher*
Anschaffungspreis	*ca. 20,– bis 55,– €*	*ca. 100,– bis 400,– €*
Betriebskosten (z. B. 6 Minuten Rühren)	*ca. 0,16 Cent*	*0,50 Cent*
Einsatzmöglichkeiten	*Rühren* *Schlagen* *Kneten*	*Rühren* *Schlagen* *Kneten* *Raspeln* *Schneiden*

MERKE! *Nur ein überlegtes Einsetzen von Geräten erleichtert uns die Hausarbeit!*

Rationelles Arbeiten durch Küchengeräte		16

Wir messen und wiegen Lebensmittel

1. Erkläre folgende Abkürzungen.

1 l	*1 Liter*	**1 Msp.**	*1 Messerspitze*
1 ml	*1 Milliliter*	**1 Pr.**	*1 Prise*
1 g	*1 Gramm*	**1 TL**	*1 Teelöffel*
1 kg	*1 Kilogramm*	**1 EL**	*1 Esslöffel*
1 Pck.	*1 Päckchen*	**1 P.**	*1 Packung*

2. Mit welchen Geräten kannst du Lebensmittel abmessen und abwiegen?		3. Nenne Lebensmittel, die mit diesen Geräten abgemessen werden können.
Waage		*Mehl, Zucker,* *Butter, Nüsse …*
Besteck	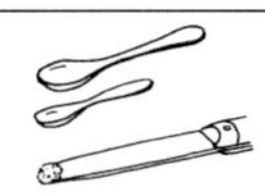	*Gewürze, Backpulver,* *Zucker, Vanillezucker …*
Messbecher	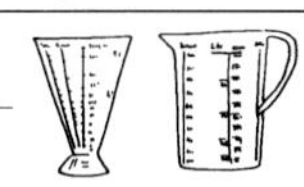	*Flüssigkeiten: z. B. Milch oder Wasser,* *Mehl, Zucker …*
Finger		*Gewürze:* *Salz, Pfeffer …*
Augenmaß	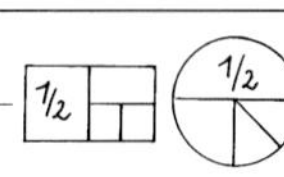	*Butter, Käse,* *Margarine, Quark …*

MERKE! *Das Gelingen eines Rezeptes hängt vom richtigen Wiegen und Messen der Zutaten ab!*

Rationelles Arbeiten durch Küchengeräte | | 17

Wir zerkleinern Lebensmittel

1. Mit welchen Geräten kannst du Lebensmittel zerkleinern?	2. Nenne Lebensmittel, die mit diesen Geräten zerkleinert werden können.
 *Messer*, *elektrisches Messer*	*Zwiebeln, Gemüse,* *Obst, Fleisch,* *Wurst, Käse ...*
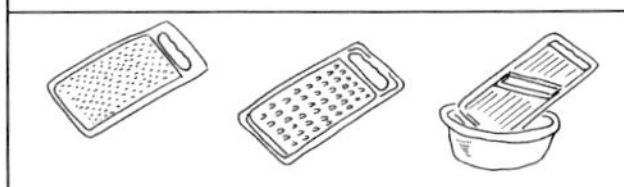 *Reibe*, *Raspel*, *Hobel*	*Karotten,* *Käse,* *Äpfel ...*
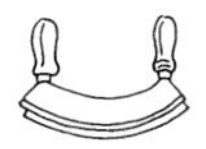 *Wiegemesser*	*Zwiebeln,* *Schnittlauch,* *Petersilie, Kräuter ...*
 *Passiergerät*, *Sieb*, *Presse*	*Kartoffeln,* *Äpfel,* *Knoblauch ...*

3. Was beachtest du beim Zerkleinern von Lebensmitteln?

– Richtiges Gerät auswählen.
– Schneidetechnik beachten (Krallengriff).
– Manchmal elektrische Zerkleinerungsgeräte einsetzen.
– Erst kurz vor der Weiterverarbeitung zerkleinern (Nährstoffverlust).
– Immer ein Schneidebrett verwenden.

MERKE: *Beachte beim Verwenden der Geräte immer die Sicherheitsvorschriften!*

Rationelles Arbeiten durch Küchengeräte | | 18

Wir mischen und schlagen Lebensmittel

1. Mit welchen Geräten kannst du Lebensmittel mischen und schlagen?	2. Nenne Speisen, bei deren Zubereitung diese Geräte eingesetzt werden können.
 *Kochlöffel*, *Schneebesen*, *Gabel*	*Suppen,* *Soßen,* *Rühreier,* *Pfannkuchenteig,* *Spätzleteig ...*
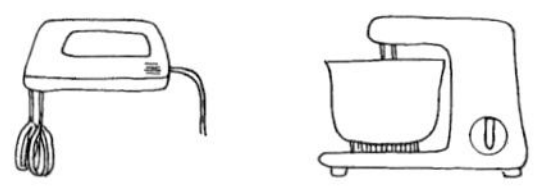 *Rührgerät*, *Küchenmaschine*	*Rührteige,* *Schaummasse,* *Eischnee,* *Sahne ...*
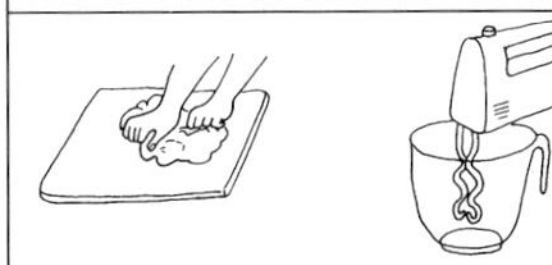 *Hände*, *Knethaken*	*Mürbeteig,* *Hefeteig,* *Quark-Öl-Teig ...*

3. Was beachtest du beim Mischen und Schlagen von Lebensmitteln?

– Hohe Gefäße verwenden (Spritzer).
– Eischnee immer unterheben – nie unterrühren.
– Rührschüssel aus Kunststoff verwenden.
– Rührbesen nicht am Gefäßrand abklopfen.
– Die lockere Masse immer auf die feste Masse geben.

MERKE: *Viele Speisen entstehen erst durch das richtige Vermischen einzelner Zutaten!*

Rationelles Arbeiten durch Küchengeräte | | 19

Wir kochen mit den richtigen Töpfen

1. Kennst du diese Töpfe?

Gemüse-/Suppentopf | *Fleischtopf* | *Milchtopf* | *Stielkasserolle*

2. Worauf achtest du beim Auswählen des richtigen Topfes?

Topfboden

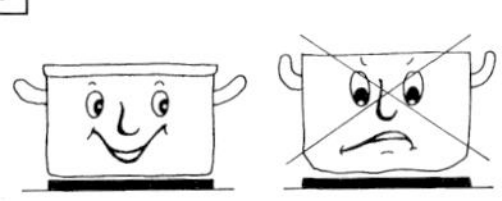

– Der Topfboden soll eben sein.
– Der Topfboden darf nicht nass sein.

Topfgröße

– Der Topf darf nicht kleiner als die Platte sein (Energieverlust).

Topfdeckel

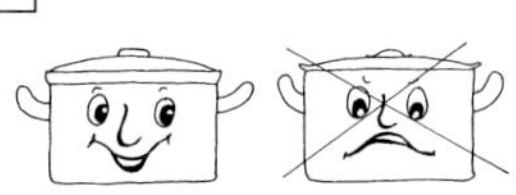

– Der Deckel soll fest aufliegen und dicht schließen.

MERKE: *Energiesparendes Kochen erfordert die richtige Platten- und Topfauswahl!*

Rationelles Arbeiten durch Küchengeräte | | 20

Wir reinigen und pflegen unsere Geräte

1. Unsere Küchengeräte sind aus verschiedenen Materialien. Ordne sie in die Tabelle ein. Ergänze weitere Beispiele.

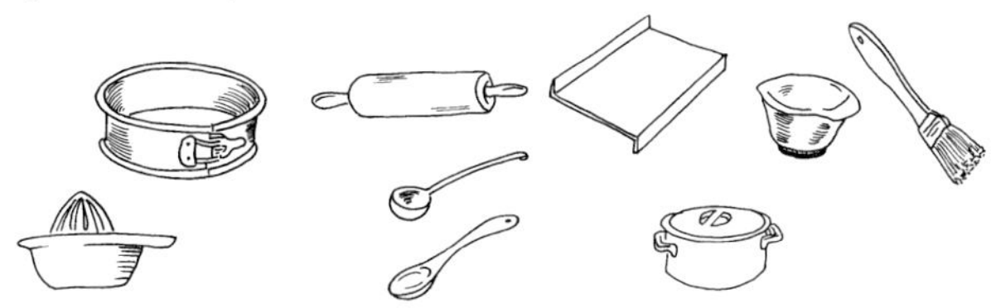

Holz	Kunststoff	Metall
Nudelholz	*Messbecher*	*Besteck*
Schneidebrett	*Rührschüssel*	*Töpfe, Pfannen*
Kochlöffel	*Zitronenpresse*	*Backformen*
Backbrett	*Kochlöffel*	*Schöpflöffel*
Pinsel	*Teigschaber*	*Raspel, Reibe*

2. Was beachtest du beim Reinigen der verschiedenen Materialien?

Holz	Kunststoff	Metall
Nie im Wasser liegen lassen	*Ist hitzeempfindlich.*	*Von Hand oder in der*
(Holz quillt).	*Nicht in die Geschirr-*	*Maschine spülen.*
Kurz in heißem Spülwasser	*spülmaschine.*	*Verschmutzte Töpfe*
abwaschen.	*Kurz in heißem Spülwasser*	*einweichen.*
An der Luft trocknen	*abwaschen.*	*Vorsicht bei beschichteten*
lassen.		*Pfannen und Töpfen*
		(nicht kratzen).

MERKE: *Säubere die schmutzigsten Geräte immer zum Schluss!*

Rationelles Arbeiten durch Küchengeräte		21

Das Handrührgerät

1. Beschrifte den Aufbau des Handrührgerätes.

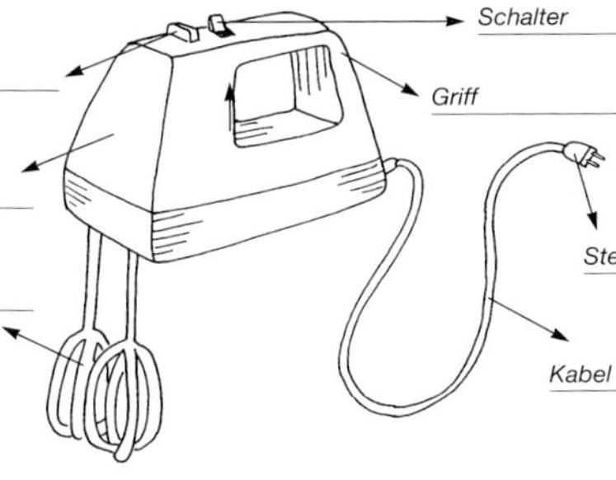

Alle Geräte, die diese Zeichen tragen, entsprechen den gesetzlichen Vorschriften und sind auf elektrische Sicherheit geprüft.

2. Was beachtest du im Umgang mit dem Handrührgerät?

- Rührbesen richtig einsetzen (Markierung beachten).
- Rührbesen oder Knethaken nur bei gezogenem Netzstecker einsetzen oder herausnehmen.
- Stufenweise einschalten.
- Nicht in das laufende Gerät greifen.
- Max. zehn Minuten ohne Unterbrechung rühren.

3. Was beachtest du bei der Reinigung des Gerätes?

- Zuerst Netzstecker ziehen.
- Rührbesen entfernen und spülen.
- Gehäuse mit feuchtem Lappen abwischen, niemals ins Wasser tauchen.

MERKE: *Bediene elektrische Geräte nur mit trockenen Händen!*

Rationelles Arbeiten durch Küchengeräte		22

Die Mikrowelle

1. Beschrifte den Aufbau des Mikrowellengerätes.

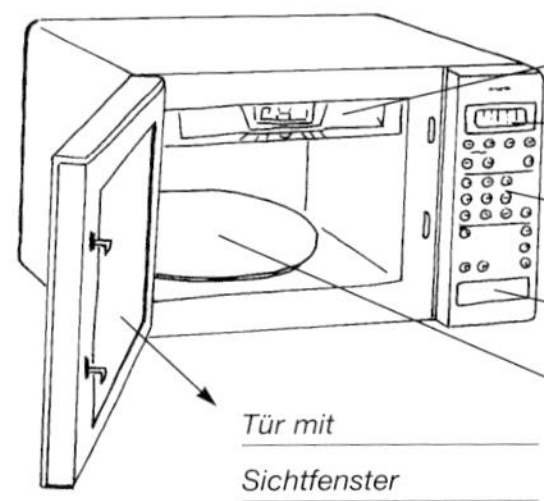

2. Was beachtest du im Umgang mit der Mikrowelle?

- Nur mikrowellengeeignetes Geschirr, z. B. Glas, Porzellan oder hitzebeständigen Kunststoff verwenden.
- Keine Metallgeschirre verwenden (reflektieren die Mikrowellen).
- Lebensmittel abdecken (verhindert das Austrocknen).
- Das Gerät nur einschalten, wenn sich Lebensmittel im Garraum befinden.

3. Was beachtest du bei der Reinigung des Gerätes?

- Garraum mit feuchtem Lappen auswischen.
- Türrahmen und -dichtung sauber halten.
- keine scheuernden Reinigungsmittel verwenden.

MERKE: *Die Einstellung der Mikrowelle richtet sich nach der Art der Zubereitung und nach der Beschaffenheit des Lebensmittels!*

Rationelles Arbeiten durch Küchengeräte		23

Der Schnellkochtopf

1. Beschrifte den Aufbau des Schnellkochtopfes.

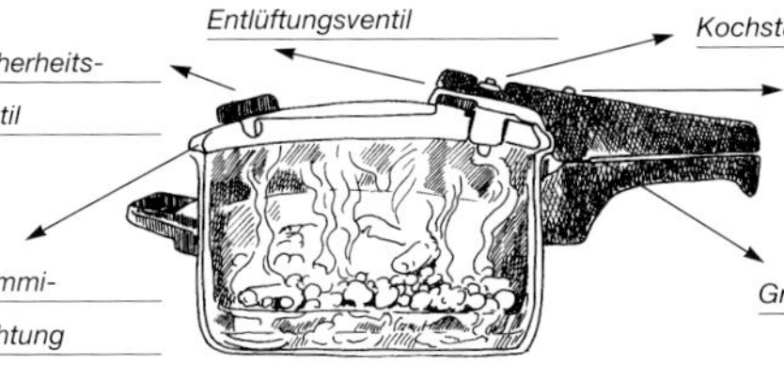

2. Was beachtest du im Umgang mit dem Schnellkochtopf?

- Gebrauchsanweisung lesen und genau beachten.
- Mindestens 1/4 l Flüssigkeit einfüllen.
- Topfrand gut abwischen.
- Griffe genau übereinander schieben.
- Topf über Kochregler schließen und mit starker Hitze ankochen.
- Garzeitbeginn der Gebrauchsanweisung entnehmen.
- Nun Temperatur drosseln.
- Topf vor dem Öffnen völlig abkühlen lassen; über Kochregler Druckdampf ablassen.
- Topf nie mit Gewalt öffnen.

3. Was beachtest du beim Reinigen des Topfes?

- Deckel und Gummiring mit Spülwasser reinigen.
- Ventil und Gummiring immer sauber halten.
- Topf unverschlossen aufbewahren.
- Gummiring bei Verschleiß erneuern.

MERKE: *Der Schnellkochtopf spart Zeit und Energie und vermindert Vitamin- und Mineralstoffverluste!*

Rationelles Arbeiten durch Küchengeräte		24

Der Elektroherd

1. Beschrifte den Aufbau des Elektroherdes.

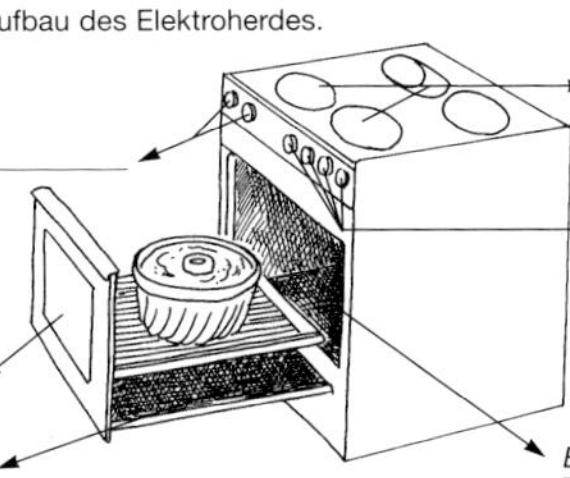

2. Was beachtest du im Umgang mit dem Elektroherd?

- Kochstelle nicht zu früh einschalten.
- Richtige Platte und Schalterstellung wählen.
- Möglichst Automatikkochplatte verwenden.
- Rechtzeitig zurückschalten.
- Nachwärme ausnutzen.
- Backtemperatur und Einschubhöhe beachten.
- Richtiges Heizsystem auswählen (Ober-/Unterhitze oder Heißluft).

3. Was beachtest du bei der Reinigung des Herdes?

- Herd ausschalten und abkühlen lassen.
- Kochstellen mit feuchtem Lappen abwischen und trockenreiben.
- stark verschmutzte Platten mit Scheuermilch abreiben und gründlich nachwischen.
- Backofen mit Wasser und Spülmittel auswischen.
- Vorsicht mit Spezialreinigern.

MERKE: *Wenn du den Herd richtig bedienst, sparst du Zeit und Energie!*

Rationelles Arbeiten durch Küchengeräte		25

Der Kühlschrank

1. Beschrifte den Aufbau des Kühlschrankes.

Gefrierfach – *Ablagen* – *Gemüsebehälter* – *Be- und Entlüftungsöffnung* – *Eierbehälter* – *Butter- und Käsefach* – *großer und kleiner Flaschenbehälter*

2. Was beachtest du im Umgang mit dem Kühlschrank?

– Lebensmittel abgedeckt/verpackt aufbewahren.
– Keine warmen Speisen hineinstellen.
– Tür nicht zu lange offen lassen.
– Häufiges Öffnen vermeiden.
– Überlagerte Lebensmittel entfernen.

3. Was beachtest du bei der Reinigung?

– Kühlschrank abschalten, Tür offen lassen.
– Ablageroste nass abwischen.
– Gemüsebehälter spülen.
– Innenraum mit Essigwasser auswischen.
– Außenwände mit Wasser und Spülmittel abwischen.

MERKE: *Im Kühlschrank werden Lebensmittel für kurze Zeit frisch gehalten!*

Rationelles Arbeiten durch Küchengeräte		26

Die Geschirrspülmaschine

1. Beschrifte den Aufbau der Geschirrspülmaschine.

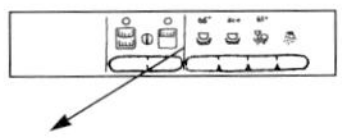

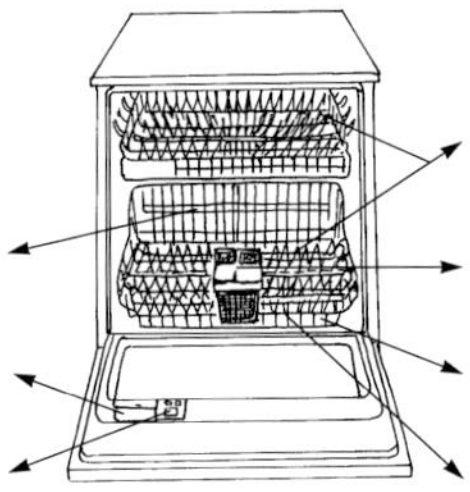

Bedienungsblende – *Spülraum* – *Behälter für Reiniger* – *Behälter für Klarspüler* – *Geschirrkörbe* – *Besteckkorb* – *Behälter für Salz* – *Sieb*

2. Was beachtest du im Umgang mit der Spülmaschine?

– Richtiges Programm wählen.
– Grobe Speisereste entfernen.
– Platz sparend einschichten, Öffnungen nach unten.
– Nur bei voller Ladung einschalten.
– Teile mit Wölbungen schräg einordnen.
– Umweltfreundliches Programm wählen.

3. Was beachtest du bei der Reinigung?

– Salz und Klarspüler regelmäßig nachfüllen.
– Filtersiebe reinigen.
– Reiniger richtig dosieren.
– Nachfüllanzeigen beachten.
– Umweltfreundliche Reiniger verwenden.

MERKE: *Wird die Spülmaschine sinnvoll genutzt, bringt sie uns wirtschaftliche Vorteile!*

Gesundheitlicher Wert von Lebensmitteln		27

Getreide

1. Kennst du diese Getreidearten?

einheimisches Getreide	tropisches Getreide
Weizen, Roggen, Gerste, Hafer, Mais	*Reis*

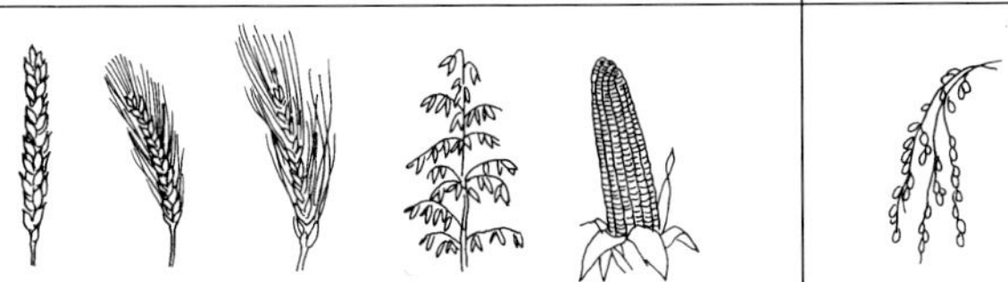

2. Beschrifte den Querschnitt eines Getreidekorns.

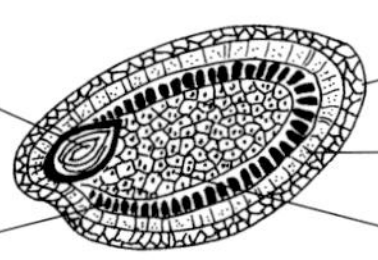

Keimling – *Aleuronschicht* – *Fruchtschale* – *Samenschale* – *Mehlkern/-körper*

3. Beurteile das Getreide aus gesundheitlicher Sicht.

– Vollkornprodukte haben einen hohen Gesundheitswert.
– Vollkorn versorgt den Körper mit allen Nähr- und Ballaststoffen.
– Verdaulichkeit und Sättigungsgrad werden vom Ballaststoffgehalt/Fettgehalt und der Zubereitungsart bestimmt.
– Je naturbelassener das Getreide, desto wertvoller ist es.

MERKE: *Bevorzuge Vollkornprodukte!*

Gesundheitlicher Wert von Lebensmitteln		28

Brot

1. Welche Brotsorten kennst du?

Roggenbrot, Mischbrot, Weißbrot, Toastbrot, Knäckebrot, Vollkornbrot Pumpernickel …

2. Erkläre den Begriff „Ausmahlungsgrad“.

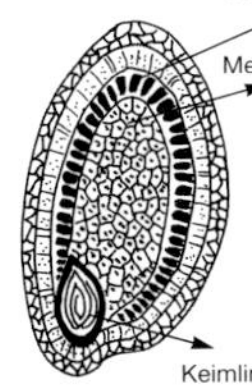

hohe Ausmahlung	**niedrige Ausmahlung**
– ganzes Korn wird ausgemahlen	*– nur Mehlkern wird ausgemahlen*
– dunkles Mehl	*– helles Mehl*
– dunkles Brot	*– helles Brot*

3. Beurteile das Brot aus gesundheitlicher Sicht.

– Wichtiges Grundnahrungsmittel.
– Vollkornbrote sättigen anhaltender.
– Vollkornbrote sind nährstoffreicher.
– Weißbrot und Zwieback sind leichter verdaulich, da sie keine Ballaststoffe enthalten.

4. Wie lagerst du Brot richtig?

– Sauber und trocken lagern.
– Im belüfteten Behälter aufbewahren.
– Knäckebrot extra und trocken lagern.
– Tiefgefrieren ist möglich.

MERKE: *Für eine ausgewogene Ernährung ist Vollkornbrot empfehlenswert!*

Bd. 284. Christine Schreiber: Praktische Haushaltsführung – Grundwissen 7.–9. Schuljahr

Persen® Bergedorfer® Best.-Nr. 2342

Gesundheitlicher Wert von Lebensmitteln		29

Reis

1. Welche Reissorten kennst du? Nenne Beispiele für deren Verwendung.

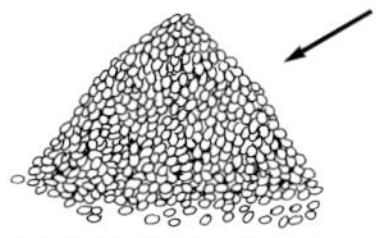

Rundkornreis | *Langkornreis*

Verwendung

Süße Reisspeisen:	*Würzige Reisspeisen:*
Milchreis,	*Eintopf,*
Apfelreis,	*Suppeneinlage,*
Auflauf,	*Beilage,*
Brei ...	*Hauptgericht ...*

2. Beschrifte den Querschnitt eines Reiskorns.

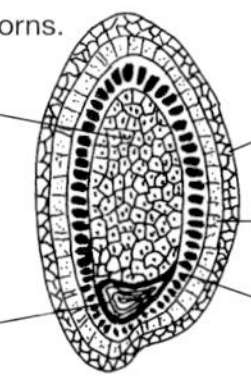

Mehlkörper – *Fruchtschale* – *Samenschale* – *Keim* – *Silberhäutchen*

3. Beurteile den Reis aus gesundheitlicher Sicht.

- *Ist ein Grundnahrungsmittel.*
- *Sehr energiearm und sättigend.*
- *Ist sehr leicht verdaulich.*
- *Enthält viel Stärke.*

Vollkornreis ist nährstoffreicher als geschälter Reis!

Gesundheitlicher Wert von Lebensmitteln		30

Kartoffeln

1. Nenne die drei Kocheigenschaften der Kartoffel und Beispiele für deren Verwendung.

festkochend	*vorwiegend festkochend*	*mehlig*
– Salzkartoffeln	*– Salzkartoffeln*	*– Knödel*
– Kartoffelsalat	*– Bratkartoffeln*	*– Suppe*
– Pommes frites	*– Pellkartoffeln*	*– Püree*

2. Welche Angaben müssen auf einer Kartoffelverpackung stehen?

CMA Gütezeichen – *Markenname* – *Kocheigenschaft* – *Sorte* – *Abpackdatum* – *Abpackbetrieb*

3. Beurteile die Kartoffel aus gesundheitlicher Sicht.

- *Enthält wertvolle Inhaltsstoffe.*
- *Energiearm und stärkereich.*
- *Mittlerer Sättigungswert.*
- *Leicht verdaulich bei fettarmer Zubereitung.*
- *Das ganze Jahr über erhältlich.*

4. Wie lagerst du Kartoffeln richtig?

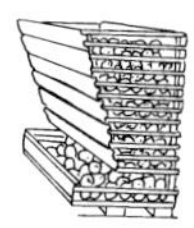

- *Kühl, dunkel, trocken, luftig.*
- *Frostfrei lagern.*
- *Beschädigte Kartoffeln aussortieren.*

Der Energiewert der Kartoffel hängt von der Zubereitung ab!

Gesundheitlicher Wert von Lebensmitteln		31

Teigwaren

1. Kennst du diese Nudeln?

 *Sternchennudeln*
 *Bandnudeln*
 *Buchstabennudeln*
 *Spagetti*
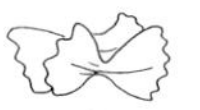 *Schleifennudeln*
 *Makkaroni*
 *Hörnchennudeln*
 *Tortellini*

2. Wozu kannst du Nudeln verwenden?

- *Suppeneinlage: Bandnudeln, Sternchennudeln ...*
- *Beilage: Spirelli, Bandnudeln ...*
- *Hauptgericht: Lasagne, Spagetti mit Hackfleischsoße ...*
- *Salat: Hörnchennudeln, Schleifennudeln ...*

3. Beurteile die Teigwaren aus gesundheitlicher Sicht.

- *Hoher Energiewert.*
- *Hoher Sättigungswert.*
- *Sind vitamin- und mineralstoffarm.*
- *Vollkornnudeln sind wertvoller.*

4. Wie lagerst du Teigwaren richtig?

- *Trocken und verschlossen.*
- *Speisekammer oder Küchenschrank.*

Ergänze das pflanzliche Eiweiß der Nudeln mit tierischem Eiweiß!

Gesundheitlicher Wert von Lebensmitteln		32

Milch

1. Zähle verschiedene Milchsorten und Milcherzeugnisse auf.

Vollmilch, Magermilch, fettarme Milch, Buttermilch, Kondensmilch, Sauerrahm, Schlagsahne, Jogurt ...

2. Welche Angaben müssen auf einer Milchpackung stehen?

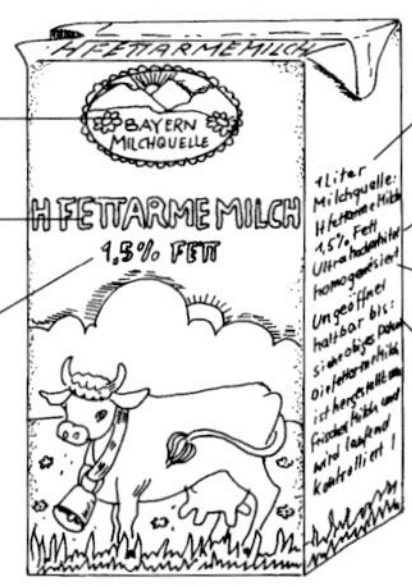

Hersteller – *Füllmenge* – *Wärmebehandlung* – *Milchsorte* – *Homogenisierung* – *Fettgehalt* – *Haltbarkeitsdatum*

3. Beurteile die Milch aus gesundheitlicher Sicht.

- *Vollwertiges Nahrungsmittel.*
- *Enthält alle lebenswichtigen Nährstoffe.*
- *Wertvoller Eiweißlieferant.*
- *Leicht verdaulich.*

4. Wie lagerst du Milch richtig?

- *Kühl, dunkel, abgedeckt ...*

Die Milch ist ein nährstoffreiches Getränk, aber kein Durstlöscher!

Gesundheitlicher Wert von Lebensmitteln		33

Eier

1. Welche Angaben müssen auf einer Eierverpackung stehen?

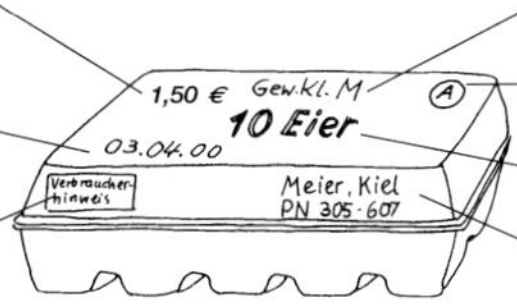

Preis – *Haltbarkeitsdatum* – *Verbraucherhinweis* – *Gewichtsklasse* – *Güteklasse* – *Füllmenge* – *Herkunft*

2. Woran erkennst du ein frisches Ei?

Schwimmtest

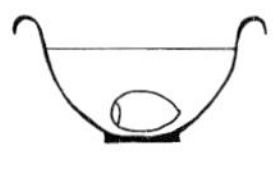

Frische Eier sinken zu Boden.

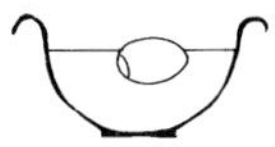

Alte Eier schwimmen.

Aufschlagtest

Frische Eier haben ein kugelförmiges Eigelb.

Alte Eier haben ein flaches Eigelb.

3. Wie und wie lange lagerst du Eier richtig?

– Kühl und dunkel.
– Bis zu drei Wochen haltbar.
– Mindestreifezeit beträgt drei Tage.

MERKE: *Vorsicht – Eigelb enthält Fett mit einem hohen Cholesteringehalt!*

Gesundheitlicher Wert von Lebensmitteln		34

Fleisch

1. Nenne die drei Fleischlieferanten. Gib jeweils Beispiele dazu.

Schlachttiere	*Geflügel*	*Wild*
Rind	*Gans*	*Hirsch*
Kalb	*Ente*	*Hase*
Schwein	*Huhn*	*Reh*
Hammel	*Pute*	*Wildschwein*

2. Beurteile Fleisch aus gesundheitlicher Sicht.

– Eiweiß im Fleisch ist biologisch hochwertig.
– Je weniger Fett, desto mehr Eiweiß ist enthalten.
– Mageres Fleisch ist gesünder.
– Energiewert und Verdaulichkeit sind abhängig vom Fettanteil und von der Zubereitung.
– Hoher Sättigungswert.
– Geflügel ist leichter verdaulich.

3. Was beachtest du beim Einkauf und bei der Lagerung von Fleisch?

– Preise und Qualität vergleichen.
– Eventuell Hygiene im Geschäft beachten.
– Entsprechend dem Verwendungszweck einkaufen.
– Kühl lagern oder tiefgefrieren.

MERKE: *Qualität vor Quantität beim Fleischverzehr!*

Gesundheitlicher Wert von Lebensmitteln		35

Hackfleisch

1. Nenne die drei Hackfleischarten und erkläre diese kurz.

Gemischtes Hackfleisch	*Mett*	*Tatar*
1/2 Rindfleisch	*gewürztes*	*sehnenfreies*
1/2 Schweine-	*Hackfleisch*	*Hackfleisch*
fleisch	*vom Schwein*	*vom Rind*

2. Beurteile Hackfleisch aus gesundheitlicher Sicht.

Wesentliche Punkte der Hackfleischverordnung vom 24. Juli 1992

Rohes Hackfleisch darf in Metzgereibetrieben nur am Tag der Herstellung verkauft werden.
Verpacktes Hackfleisch: • ist mit einem Verbrauchsdatum gekennzeichnet: „verbrauchen bis spätestens ..."
• trägt eine Temperaturangabe, die bei Aufbewahrung, Lagerung und Beförderung einzuhalten ist:
– Frischware: +4 °C bis +7 °C
– Tiefkühlware: -18 °C
Gefrorenes Hackfleisch: muss sechs Monate nach der Herstellung verkauft sein.

– In das fein zerkleinerte Fleisch gelangen die Bakterien schneller, darum verdirbt es schneller.
– Bei unsachgemäßer Behandlung droht Gefahr: Übelkeit, Erbrechen, Salmonellenvergiftung.

3. Was beachtest du beim Einkauf und bei der Lagerung von Hackfleisch?

– Hackfleisch am Tage des Einkaufens verarbeiten oder tiefgefrieren.
– Hackfleisch kühl lagern, auch während des Transportes nach Hause.
– Hackfleischgerichte sind kurzfristig im Kühlschrank haltbar.

MERKE: *Gefährde deine Gesundheit nicht durch unsachgemäßen Umgang mit Hackfleisch!*

Gesundheitlicher Wert von Lebensmitteln		36

Fisch

1. Fische werden nach ihrer Herkunft unterschieden.
Ergänze die Tabelle.

Seefisch	Flussfisch
(im Meer lebender Fisch)	*(im Süßwasser lebender Fisch)*
Kabeljau, Scholle,	*Karpfen, Aal,*
Hering, Rotbarsch,	*Forelle,*
Tunfisch, Seelachs ...	*Hecht ...*

2. Beurteile den Fisch aus gesundheitlicher Sicht.

– Hochwertiger Eiweiß- und Mineralstoffspender.
– Leicht verdaulich.
– Geringer Sättigungswert.
– Sehr energiearm.
– Geringer Fettgehalt (Magerfisch).

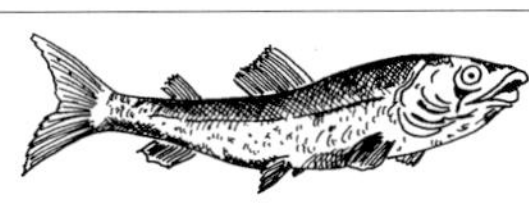

3. Was beachtest du beim Einkauf und bei der Lagerung von Fisch?

– Auf Frische achten: straffe Haut, keine Druckstellen.
– Zugedeckt kühl stellen, am gleichen Tag verwenden oder tiefgefrieren.
– Fischgeschäft mit großem Umsatz bevorzugen.
– Hauptfangzeit: preiswerte Angebote.

MERKE: *Fisch ist ein ideales Lebensmittel. Er deckt unseren Eiweiß- und Mineralstoffbedarf ohne größere Fettzufuhr!*

Persen® Bergedorfer® Best.-Nr. 2342

Gesundheitlicher Wert von Lebensmitteln		37

Obst

1. Wir unterscheiden Obst nach der Herkunft. Ordne die Obstsorten in die Tabelle ein. Ergänze weitere Beispiele.

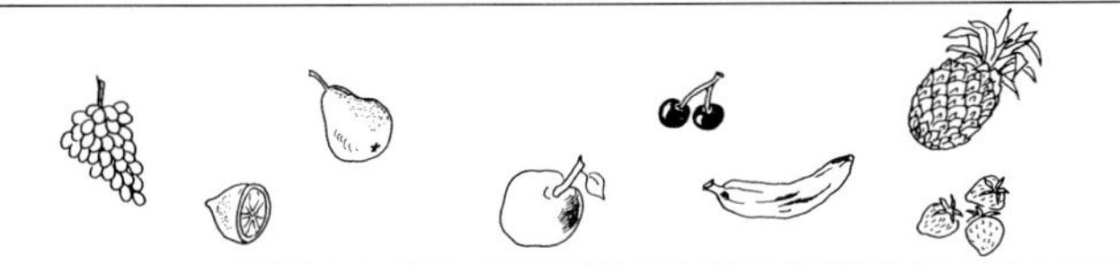

einheimisches Obst			exotische Früchte
Kernobst	Steinobst	Beerenobst	Südfrüchte
Apfel	*Kirsche*	*Erdbeere*	*Zitrone*
Birne	*Aprikose*	*Himbeere*	*Orange*
Hagebutte	*Pflaume*	*Weintraube*	*Banane*
Quitte	*Pfirsich*	*Stachelbeere*	*Ananas*
		Johannisbeere	*Grapefruit*

2. Beurteile Obst aus gesundheitlicher Sicht.

– Wichtiger Vitamin- und Mineralstoffspender.
– Erfrischende Wirkung.
– Verdauungsfördernd (enthält wertvolle Ballaststoffe).
– Geringer Energiewert.

3. Was beachtest du beim Einkauf und bei der Lagerung von Obst?

– Entsprechend dem Verwendungszweck einkaufen.
– Auf die Frische achten.
– Angebote zu den Haupterntezeiten nutzen.
– Nur kurze Zeit lagerfähig (kühl und dunkel).

MERKE: *Iss Obst möglichst frisch und roh!*

Gesundheitlicher Wert von Lebensmitteln		38

Gemüse

1. Gemüse unterscheiden wir nach den verwendbaren Pflanzenteilen. Ordne die Lebensmittel in die Tabelle ein. Ergänze weitere Gemüsearten.

Wurzelgemüse	Stängelgemüse	Blattgemüse	Blütengemüse	Fruchtsamen-gemüse
Karotte	*Spargel*	*Kopfsalat*	*Blumenkohl*	*Tomaten*
Sellerie	*Lauch*	*Weißkohl*	*Brokkoli*	*Gurken*
Rettich	*Rhabarber*	*Spinat*	*Artischocken*	*Paprika*
Radieschen	*Zwiebel*	*Rosenkohl*		*Bohnen*

2. Beurteile das Gemüse aus gesundheitlicher Sicht.

– Wichtiger Vitamin- und Mineralstoffspender.
– Guter Sättigungswert, geringer Energiewert.
– Verdauungsfördernd (ballaststoffreich).
– Kohlarten sind schwer verdaulich.
– Spinat, Kopfsalat und Karotten sind leichter verdaulich.

3. Was beachtest du beim Einkauf und bei der Lagerung von Gemüse?

– Verwende Gemüse so frisch wie möglich.
– Beachte die Angebote zu den Haupterntezeiten.
– Nur kurze Zeit lagerfähig (kühl und dunkel).
– Lagerung beeinflusst die Qualität.
– Güteklassen beachten.

MERKE: *Sehr wertvoll ist Gemüse als Rohkost!*

Gesundheitlicher Wert von Lebensmitteln		39

Gewürze und Küchenkräuter

1. Zähle verschiedene Gewürze und Küchenkräuter auf.

Gewürze	Küchenkräuter
Curry, Kümmel,	*Basilikum, Dill,*
Paprika, Pfeffer,	*Majoran, Petersilie,*
Senfkörner,	*Schnittlauch,*
Gewürznelken,	*Thymian, Salbei,*
Muskatnuss ...	*Zitronenmelisse ...*

2. Beurteile die Gewürze und Küchenkräuter aus gesundheitlicher Sicht.

– Enthalten viele Vitamine und Mineralstoffe.
– Machen die Nahrung bekömmlicher.
– Küchenkräuter sind milde Würzmittel und ersetzen Salz.
– Runden den Eigengeschmack der Speisen ab.

3. Was beachtest du beim Einkauf und bei der Lagerung von Gewürzen und Küchenkräutern?

– Nur kleine Mengen einkaufen.
– Möglichst frisch verwenden.
– Erst kurz vor dem Würzen zerkleinern.
– Dunkel, trocken, kühl lagern.
– Einzeln in verschlossenen Behältern aufbewahren (Aromaverlust).

MERKE: *Gewürze dürfen den Eigengeschmack der Speisen nicht überdecken!*

Gesundheitlicher Wert von Lebensmitteln		40

Gesunde Getränke

1. Wir unterscheiden Säfte nach dem Fruchtanteil.

Fruchtanteil:	100 %	50 %	6 %	3 %
	Fruchtsaft	*Fruchtnektar*	*Fruchtsaftgetränk*	*Fruchtlimonade*

2. Beurteile die Getränke aus gesundheitlicher Sicht. Ergänze den Zuckergehalt.

– Getränke mit hohem Zuckergehalt sind keine Durstlöscher.
– Getränke mit gesunden Inhaltsstoffen bevorzugen.

von 1 Glas = 200 ml	Würfelzucker (Stück)	sonstige Inhaltsstoffe
Mineralwasser	*keins*	viele Mineralstoffe
Tee ohne Zucker	*keins*	natürliche Farb- und Geschmacksstoffe
Limonade	*6*	künstliche Geschmacksstoffe, Säuerungsmittel
Cola	*5,5*	Koffein, künstliche Farb- und Geschmacksstoffe
Fruchtsaftgetränk	*6*	viele Vitamine, natürliche Fruchtsäuren

3. Was solltest du beim Trinken beachten?

– Beachte den Fruchtgehalt der Säfte.
– Verdünne Säfte mit Wasser.
– Trinke 2–3 l täglich über den Tag verteilt.
– Trinke langsam und nicht zu kalt.

MERKE: *Die besten Durstlöscher sind: Mineralwasser, ungesüßter Früchte- oder Kräutertee!*

Besondere Ernährungsformen		41

Zuckerarme Kost

1. Schätze den Anteil an Würfelzucker bei den dargestellten Lebensmitteln.
   Verwende die angegebenen Stückzahlen*: 67, 50, 34, 22, $12^1/_2$, 11, $2^1/_2$

* Würfelzuckerangaben aus: Dr. Felix Büchner, Handwerk und Technik Verlag „Zusammenleben – Zusammen arbeiten" 7. Jgst.

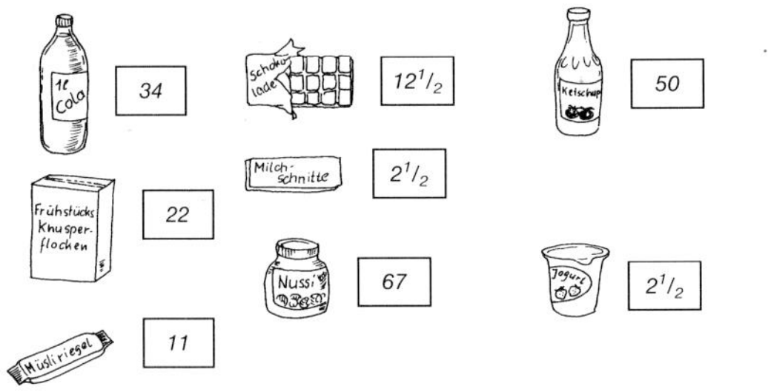

2. Beurteile den Zucker aus gesundheitlicher Sicht.

– Liefert schnell Energie.
– Beeinflusst kurzfristig unser Wohlbefinden.
– Überschüssige Energie wandelt der Körper in Fett um.
– zu hoher Zuckerkonsum fördert: Karies, Übergewicht, Stoffwechselerkrankungen, Herz- und Gefäßkrankheiten.
– Vitamin B-„Räuber".

3. Wie kannst du deinen Zuckerverbrauch verringern?

– Nur 1-mal täglich Süßigkeiten.
– Auf stark zuckerhaltige Getränke verzichten.
– Obst statt Süßigkeiten.
– Mineralwasser oder ungezuckerten Tee bevorzugen.

MERKE: *Zucker liefert uns nur leere Kalorien!*

Besondere Ernährungsformen		42

Salzarme Kost

1. Welche Nahrungsmittel sollst du bei einer salzarmen Kost bevorzugen bzw. vermeiden?
   Ordne die Nahrungsmittel in die Tabelle ein. Ergänze weitere Beispiele.

bevorzuge:	vermeide:
Fleisch, Fisch, Eier,	*Wurst, Schinken, Brezel, Ketchup,*
Kartoffeln, Reis, Gemüse,	*Suppenwürfel, Konserven*
Obst, Säfte, Diätsalz,	*(Fleisch, Fisch, Gemüse),*
ungesalzene Butter.	*Maggi, Oliven, Tütensuppe.*

2. Beurteile das Salz aus gesundheitlicher Sicht.

– Zu hoher Salzkonsum fördert Bluthochdruck, Erkrankungen der Herz- und Hirngefäße, Herzinfarkt, Schlaganfall.
– Salz bindet das Wasser im Körper.
– Salz entzieht unserem Körper Wasser.
– Salz hat eine konservierende Wirkung.

3. Wie kannst du deinen Salzverbrauch verringern?

– Speisen mit Küchenkräutern würzen.
– Den Verzehr salzhaltiger Nahrungsmittel und Fertigprodukte einschränken.
– Frische, unbearbeitete Lebensmittel bevorzugen.
– Bei Mineralwasser auf einen niedrigen Natriumgehalt achten.

MERKE: *Vorsicht bei Produkten mit versteckten Salzen!*

Besondere Ernährungsformen		43

Fettarme Kost

1. Welche Lebensmittel sollst du bei einer fettarmen Kost bevorzugen bzw. vermeiden?
   Ordne die Nahrungsmittel in die Tabelle ein. Ergänze weitere Beispiele.

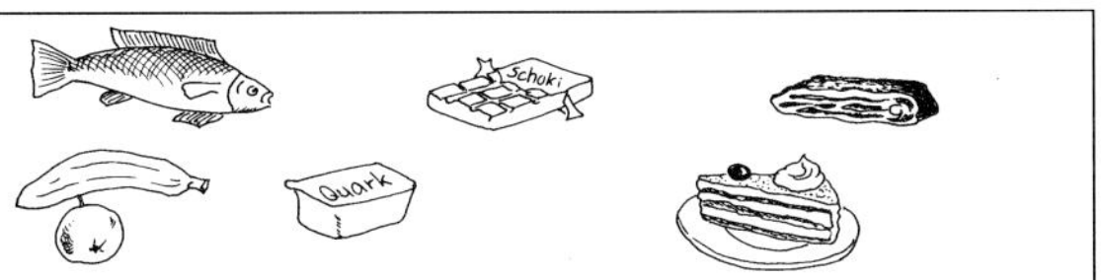

bevorzuge:	vermeide:
Reis, Kartoffeln,	*Nüsse, Salami,*
Obst, Gemüse,	*Speck, Sahne, Kartoffelchips,*
Tomaten, Fisch,	*Schokolade, Pommes frites,*
Magerquark	*Avocados, Sahnetorte*

2. Beurteile Fett aus gesundheitlicher Sicht.

– Wichtiger Energielieferant.
– Schützt vor Druck und Kälte.
– Löst Vitamine.
– Hoher Sättigungswert.
– Zu hoher Fettkonsum fördert: Übergewicht, stärkere Belastung von Herz und Kreislauf, Fettsucht.

3. Wie kannst du deinen Fettverbrauch verringern?

– Auf eine fettarme Zubereitung achten.
– Energiereiche Lebensmittel meiden.
– Alkoholreiche Getränke meiden: Alkohol begünstigt die Fettbildung.
– Vorsicht bei Lebensmitteln mit versteckten Fetten!

MERKE: *Viele Lebensmittel haben einen hohen Fettgehalt, ohne dass uns dieser bewusst ist!*

Besondere Ernährungsformen		44

Purinarme Kost

1. Welche Lebensmittel sollst du bei einer purinarmen Kost bevorzugen bzw. vermeiden?
   Ordne die Nahrungsmittel in die Tabelle ein. Ergänze weitere Beispiele.

bevorzuge:	vermeide:
Reis, Kartoffeln,	*Fleisch, Innereien,*
Obst, Gemüse,	*Wurst, Fisch, Geflügel,*
Gemüseprodukte,	*Hülsenfrüchte,*
Milch, Milchprodukte,	*Vollkornprodukte …*
Weißbrot …	

2. Beurteile Purin aus gesundheitlicher Sicht.

– Zu hoher Purinkonsum fördert: erhöhten Harnsäurespiegel, Gelenkentzündungen und -verformungen, Gicht, Schädigung der Nieren.

3. Wie kannst du deinen Purinverbrauch verringern?

– Purinreiche Nahrungsmittel meiden.
– Alkoholreiche Getränke meiden.
– Fleisch- und Wurstverzehr einschränken.
– Täglich frische Obstsäfte trinken.
– Auf eine ausreichende Flüssigkeitszufuhr achten.

MERKE: *Gicht – eine Wohlstandskrankheit!*

Besondere Ernährungsformen		45

Fleischarme Kost

1. Welche Fleischsorten sollst du bevorzugt bzw. selten verzehren? Ordne die Fleischarten in die Tabelle ein. Ergänze weitere Beispiele.

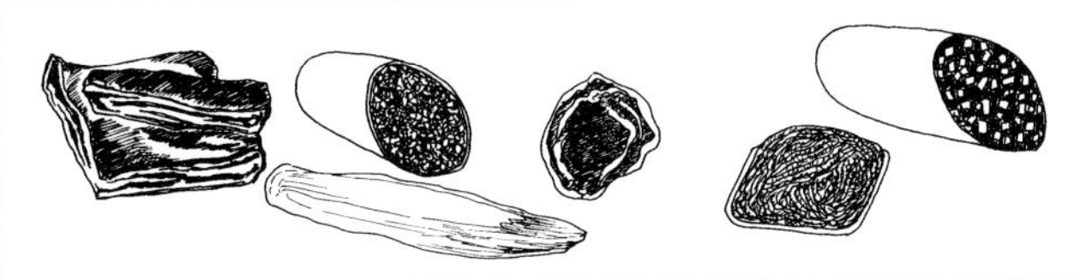

bevorzuge:	**vermeide:**
Geflügel, Tatar,	*Innereien,*
Filet,	*Speck,*
Wild …	*fettes Fleisch, fette Wurst …*

2. Wovon hängt die Fleischqualität ab?

– Aufzucht, Fütterung, Tierhaltung.
– Massentierhaltung = Seuchengefahr.
– Kurze, schonende Wege zum Schlachthof.
– Langsames Wachstum.

3. Der Fleischverzehr kann durch optimale Kombination tierischer und pflanzlicher Eiweißträger verringert werden. Nenne Gerichte, die diese Kombination verdeutlichen.

– Pellkartoffeln mit Quark.
– Brot mit Käse.
– Kartoffeln mit Spiegelei.
– Nudelauflauf mit Käse.
– Milchreis.
– Reis mit Fisch.

MERKE: *Ein zu hoher Fleischverzehr kann zur Störung des Eiweißstoffwechsels führen!*

Besondere Ernährungsformen		46

Ballaststoffe

1. Lies den Text aufmerksam durch und unterstreiche wichtige Aussagen.

> Ballaststoffe kann der Körper nicht verwerten, d. h. sie sind weitgehend unverdaulich. Sie liegen im Magen, sind dadurch stark sättigend und beugen damit auch dem Hungergefühl vor. Ballaststoffe quellen im Darm, sie saugen Flüssigkeiten auf. Durch die vergrößerte Nahrungsmenge wird der Darm stärker beansprucht und die Durchblutung verbessert. Außerdem haben die Mediziner nachgewiesen, dass der Cholesterinspiegel im Blut deutlich sinkt und dass die Risiken einer Herz- und Arterienerkrankung verringert werden.
> Ballaststoffe verhelfen uns somit zu einer natürlichen, gesunden Verdauung und regen damit auch unseren Stoffwechsel an.

2. Welche Lebensmittel sind ballaststoffreich?

Obst, Trockenfrüchte, Gemüse, Kartoffeln, Hülsenfrüchte, Vollkornbrot …

3. Beurteile die Ballaststoffe aus gesundheitlicher Sicht.

– Senken den Cholesterinspiegel im Blut.
– Verringern Herz- und Arterienerkrankungen.
– Vermindern Darmerkrankungen.
– Fördern die Verdauung.
– Wirken als Appetitzügler.
– Regen den Stoffwechsel an.
– Krebserkrankungen des Darmes sind seltener.

MERKE: *Möglichst ballaststoffreiche Nahrung aufnehmen!*

Besondere Ernährungsformen		47

Fast Food

1. Zähle Fast-Food-Gerichte auf.

verschiedene Burger, Brathähnchen, Pommes frites, Currywurst, frittiertes Geflügelfleisch, Bratwurst, Pizza, Hot Dog, Gyros, Sandwich …

2. Beurteile die zwei Menüs.

Peter:
Currywurst, Pommes frites mit Mayo, Colagetränk

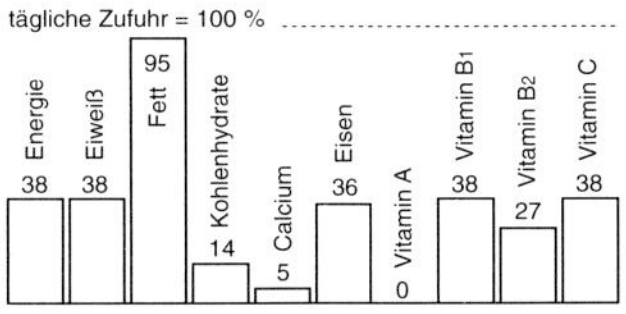

Tina:
Hamburger, Chef-Salat, Orangensaft

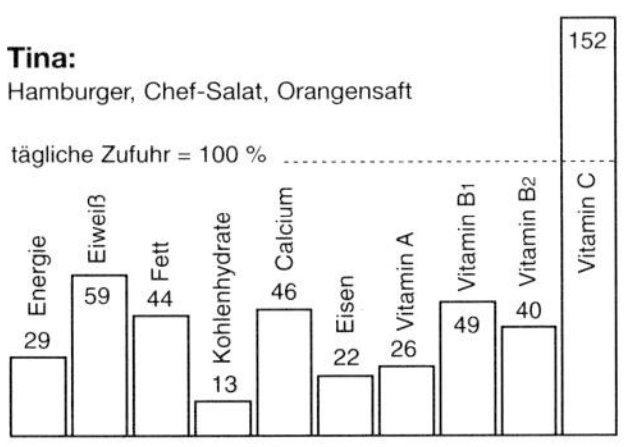

Diagramme von: AiD Verbraucher Dienst informiert; Heft 11/99

Schlecht gewählt:	*Gut kombiniert:*
nicht besonders nährstoffreich,	*höhere Nährstoffdichte,*
hoher Fettanteil.	*weniger Fettanteil.*

3. Beurteile Fast Food (schnelles Essen) aus gesundheitlicher und ökologischer Sicht.

– Macht nicht satt.
– Aufwändige Verpackungen.
– Zu schnelles Essen – kein Genießen.
– Einseitige Ernährung (Nährstoffmangel).

MERKE: *Wähle Produkte mit einer günstigen Nährstoffdichte aus!*

Vorratshaltung		48

Vorrat – selbst hergestellt

1. Nenne die bekanntesten Verfahren zur Haltbarmachung und jeweils Beispiele dazu.

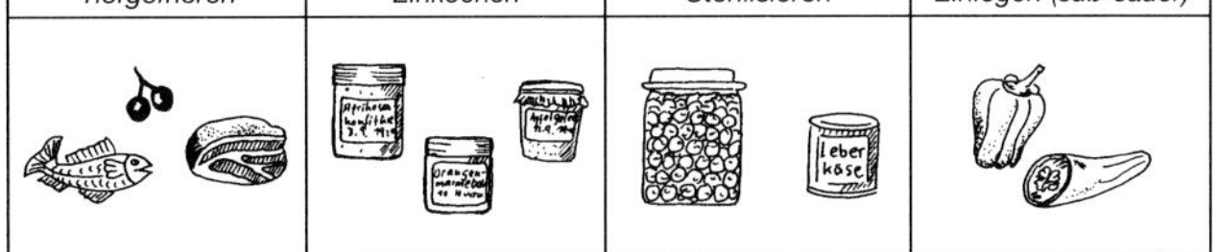

Tiefgefrieren	*Einkochen*	*Sterilisieren*	*Einlegen (süß-sauer)*
Obst	*Marmelade*	*Obst*	*Kürbis*
Gemüse	*Gelee*	*Gemüse*	*Gurken*
Fisch	*Konfitüre*	*Fleisch*	*Zucchini*
Fleisch	*Apfelmus*		*Paprika*

2. Welche Regeln solltest du bei der Haltbarmachung von Lebensmitteln beachten?

– Lebensmittel sollen frisch und von einwandfreier Qualität sein.
– Lebensmittel richtig vorbereiten.
– Geeignetes Verpackungsmaterial verwenden.
– Packungen vollständig beschriften.
– Lagerzeiten einhalten.
– Saison-Kalender von Obst und Gemüse beachten.

3. Nenne die Vorteile eines selbst hergestellten Vorrates gegenüber gekauftem.

– Besonders vorteilhaft bei eigener Ernte (billiger, ungespritzt).
– Kontrolle von Herkunft und Qualität.
– Individuelle Zusammenstellung möglich.
– Frei von Zusatzstoffen.

MERKE: *Lebensmittel selbst haltbar machen lohnt sich nur, wenn hochwertige Lebensmittel preiswert beschafft werden können!*

Vorratshaltung		49

Wir stellen Marmelade her

1. Was musst du vorbereiten?

– Gläser gründlich spülen.
– Mit klarem Wasser nachspülen und abtropfen lassen.
– Obst waschen.

2. Was beachtest du beim Herstellen?

– Große breite Töpfe verwenden.
– Früchte vorbereiten und zerkleinern.
– Früchte und Geliermittel zum Kochen bringen.
– Unter ständigen Rühren eindicken lassen.
– Gelierprobe machen.

3. Was beachtest du beim Abfüllen?

– Heiße Marmelade in Gläser füllen.
– Gläser auf ein feuchtes Tuch stellen.
– Schraubgläser auf den Kopf stellen.
– Gläser beschriften.

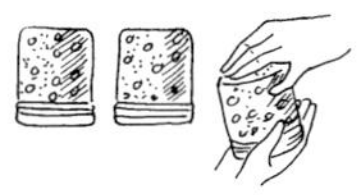

MERKE!

Unsere Marmelade wird haltbar durch:
Wasserentzug, starkes Kochen, reichliche Zuckerzugabe!

Vorratshaltung		50

„Gift" auf unserem Teller

1. Wodurch können Lebensmittel verderben?

– Schimmel, Salmonellen, Fäulnis, Gärung …

2. Welche schädlichen Inhaltsstoffe kann unsere Nahrung enthalten?

Umweltschadstoffe, Rückstände aus der Landwirtschaft, Zusatzstoffe, Oberflächenbehandlungsmittel …

3. Welche Krankheiten können dadurch auftreten?

Übelkeit, Durchfall, Fieber, Erbrechen, Krebs, Allergien, Leberschäden, Störung des Nervensystems, Magen- und Darmerkrankungen …

4. Wie kannst du dich schützen?

– Hygienemaßnahmen beachten.
– Nur einwandfreie Lebensmittel kaufen.
– Umtausch schadhafter Lebensmittel.
– Mindesthaltbarkeitsdatum beachten.
– Kennzeichnung der Lebensmittel überprüfen.
– Inhaltsstoffe beachten.
– Vorsicht mit Speiseresten!

MERKE!

Informiere dich genau, damit Lebensmittel nicht zur Gefahr für deine Gesundheit werden!

Vorratshaltung		51

Zusatzstoffe in unseren Lebensmitteln

Zutaten
entrahmte Milch, Zucker, Kakaopulver, Kokosfett, modifizierte Stärke, Verdickungsmittel, natürliche Aromastoffe, Farbstoffe E 102, E 124

1. Welche Zusatzstoffe kennst du?

Konservierungsstoffe, künstliche Süßstoffe, Geschmacksverstärker, Farbstoffe, Oberflächenbehandlungsmittel, Phosphate, Emulgatoren …

2. Was sind E-Nummern und warum werden sie verwendet?

– Die erlaubten Zusatzstoffe werden auf der Verpackung durch E-Nummern gekennzeichnet.
– Jeder Zusatzstoff entspricht einer bestimmten Nummer.
– Platzersparnis auf dem Etikett.
– Europaweite Vermarktung möglich.

3. Was steckt hinter folgenden E-Nummern?

E 210: *Konservierungsstoff – Benzoesäure*
kann der Körper nicht abbauen – Allergiegefahr

E 200: *Konservierungsstoff – Sorbinsäure*
wird vollständig abgebaut, keine Nebenwirkungen

E 230 bis 233: *Oberflächenbehandlung;*
Schale nicht zum Verzehr geeignet

4. Bilde dir ein Urteil über folgende Farbstoffe.

Natürliche Lebensmittelfarben:

E-Nummer	Name	Farbe	Bewertung
E 150	Zuckerkulör	Braun	unbedenklich, wird durch Erhitzen von Zucker gewonnen
E 140	Chlorophyll	Grün	natürlicher Farbstoff des Blattgrüns, daher unbedenklich
E 120	Cochenille	Rot	natürlicher Farbstoff, wahrscheinlich unbedenklich
E 160	Carotinoide	Orange	unbedenklich, werden im Körper zu Vitamin A umgebaut

Künstliche Lebensmittelfarben:

E-Nummer	Name	Farbe	Bewertung
E 110	Gelborange S	Orange	kann allergieauslösend sein
E 122	Anzorubin	Rot	kann allergieauslösend sein
E 123	Amaranth	Rot	kann allergieauslösend sein
E 124	Cochenillerot	Rot	kann allergieauslösend sein
E 131	Patentblau	Blau	keine Nebenwirkungen bekannt

MERKE!

Vermeide den Verbrauch von kontrollierbaren Zusatzstoffen!